股权兵法

数智时代资本之道

杨军　盛予安　何志锋◎主编

U0890310

SPM 南方传媒　广东经济出版社
·广州·

图书在版编目(CIP)数据

股权兵法 / 杨军，盛予安，何志锋主编. --广州：广东经济出版社，2024. 10. --ISBN 978-7-5454-9413-6

I. F271. 2

中国国家版本馆 CIP 数据核字第 2024VL0039 号

责任编辑：蒋先润
责任校对：李玉娴
责任技编：陆俊帆

股权兵法
GUQUAN BINGFA
出 版 人：刘卫平
出版发行：广东经济出版社（广州市水荫路 11 号 11～12 楼）
印　　刷：广东鹏腾宇文化创新有限公司
（广东省珠海市高新区唐家湾镇科技九路88号10栋）

开　　本：730 毫米×1020 毫米 1/16　　印　　张：14
版　　次：2024 年 10 月第 1 版　　印　　次：2024 年 10 月第 1 次
书　　号：ISBN 978-7-5454-9413-6　　字　　数：218 千字
定　　价：68. 00 元

发行电话：（020）87393830　　编辑邮箱：286105935@ qq. com
广东经济出版社常年法律顾问：胡志海律师　　法务电话：（020）37603025
如发现印装质量问题，请与本社联系，本社负责调换
版权所有 · 侵权必究

本书编委会

· **主编** ·　杨　军　盛予安　何志锋

· **编委** ·　刘　亮　刘瑞婕　王晗露　龚月茗

编委会成员简介

杨军（主编）

深圳大学毕业，深圳市创服智达管理咨询有限公司创始人，深圳市创业服务协会理事。拥有20年上市公司高管经验，从事过天使投资，担任过深圳市投资商会副会长，成功辅导过数十家企业获得融资，单一科技企业成功融资超3亿元，多次担任创业大赛评委，在企业融资、股权设计、商业模式创新、资本培训等方面具有丰富的实战经验。已出版图书《企业融资：投资人没告诉你的那些事》《股权合伙控制终极解答》《股权顶层设计：从科学分股到融资退出》。

盛予安（主编）

诺丁汉大学（University of Nottingham）国际商务硕士、国际事务与国际关系学士，拥有12年国央企投资管理、重大项目收并购与产业投资促进等方面工作经验，牵头参与多项长三角地区城市产业发展规划编制。在企业服务方面，以战略管理与资本运作为专长，拥有200余家上市公司、行业领军企业及独角兽科创企业点对点精准服务经验。

何志锋（主编）

暨南大学工商管理硕士，是拥有25年产业规划、企业战略、投融资行业经验的杰出创新者，任职广东省商业地产投资协会副会长，二沙讲堂执行堂主、赢商培训导师，深圳深源青创中心创业导师。在企业顶层设计、资本运作、股权规划方面有丰富的实战经验，是具有前瞻眼光、全局观念和金融思维的领军谋士。

刘亮（编委）

工程硕士、MBA 在读，现任某半导体设备公司董事长兼首席执行官。在国际知名企业从事半导体研发工作超过 18 年。具有股权顶层设计、公司并购重组和知识产权保护等相关实战经验。2023 年初创半导体设备公司即实现数千万元销售额，成功导入国内知名半导体集成电路企业，并完成公司数千万元首轮融资。是具有国际视野、深厚产业背景和丰富股权设计实战经验的企投家代表。

刘瑞婕（编委）

凌云律师事务所执业律师，毕业于中央民族大学、中国政法大学，拥有哲学学士学位、经济法学硕士学位。从事法律行业 12 年，长期致力于民商事法律服务领域，以“优化风险管理，服务企业战略”为理念，为企业及创始人提供股权架构设计与税负优化、股权融资、经营风险控制与商业模式优化、股权争议解决、高净值家庭财富传承与资产增值保值等多维度综合服务。

王晗露（编委）

毕业于中国海洋大学、新加坡南洋理工大学，新加坡/马来西亚锐捷信息科技私人有限公司（锐捷公司）创始人，任东盟—中国工商总会副秘书长。曾在世界 500 强企业美国嘉科工程集团、FPT 电信工作，有 10 余年跨国企业工作经验，是一位具有国际商业视野、丰富人脉资源和股权投融经验的企投家。锐捷公司是东南亚领先的信创企业，是中国企业出海的桥梁。

龚月茗（编委）

毕业于中国人民大学，会计硕士，曾任中国人民大学商学院会计硕士专业实践导师，具有 15 年机构投资及企业资本运作经验。主要擅长领域：企业资本战略制定、对外战略投资、股权设计、股权融资、VIE 架构设计和拆除、多元化融资模式设计、企业 IPO 上市及并购重组等。长期致力于民营企业资本运营领域，为企业提供融资整体方案设计、股权架构梳理及调整、商业模式优化、战略投资建议、股权融资全流程咨询等服务。

前 言

学会股权兵法，成为资本路上常胜王

本书主编之一杨军之前出版的《企业融资：投资人没告诉你的那些事》《股权合伙控制终极解答》《股权顶层设计：从科学分股到融资退出》获得了全国读者的喜爱，在读者和编辑的鼓励与支持下，杨军现又组织本书编委会成员一起出版股权系列图书之《股权兵法》。

前述三本书重点讲了企业融资和合伙控制，但创业是一场孤勇者的战争，我们的终极获胜武器就是股权，只有熟读“股权兵法”，才能在创办公司、分配股权、融资的过程中不断战胜人性，凝聚团队，获得风险投资的加持，走向资本市场，成功敲响 IPO 上市的钟声。

本书以“股权兵法”为主线，共列十三章，涵盖了从公司创立、找合伙人、融资到上市的过程中有关股权的方方面面。本书注重理论与实践相结合，配上大量的表格与架构图，给予读者干货总结式的内容，帮助读者快速消化书中的知识，深入浅出，通俗易懂。读者经常碰到的股权问题，通过对照学习都能一一迎刃而解。

本书的读者定位主要为创业者、企业家、财务顾问、股权咨询师、股权律师、投资人、创业导师、企业管理咨询顾问等，对创业、股权融资知识感兴趣的读者也可以从中获得很好的价值回馈。

感谢同类作品的作者和提出问题的创业者，给了我们诸多的素材与启迪，愿与各位读者共勉！

本书编委会　于深圳

2024 年夏

·本书读者专享福利·

凡加本书作者杨军的微信号 vcpeszcn，并提供本书购买后的好评截图的，均可获得作者一对一股权融资微咨询一次。

目录
Contents

第一章

始计篇：股权思维

夫未战而庙算胜者，得算多也；未战而庙算不胜者，得算少也。多算胜，少算不胜，而况于无算乎！吾以此观之，胜负见矣。

——《孙子兵法·始计篇》

第一节 股权思维决定资本格局

小案例

江西有一家从事消防工程的公司，创始人余总原先是在消防队工作，有很好的客户资源，他创办了一家有关智能消防平台项目的公司，邀请我们对他的公司做战略规划，包括对有限合伙平台的打造、上下游供应链的股权合作，分别从战略、战术层面进行了分解，吸引了优秀人才的加入，随着公司业务的不断拓展，计划在科创板上市。在交谈过程中，我发现余总有关股权的思维还是很超前的，只是没有实操经验。

全拆解

案例中的余总因为有超前的股权思维，充分利用了资本的优势。但资本却是一把双刃剑，可以助企业一飞冲天，也可能让你家破人亡，资本有趋利性和增值性，它始终在追求利益的最大化。

企业创始人要提前规划好股权战略博弈，正如《孙子兵法》中所说的“夫未战而庙算胜者”，建立金融资本思维。企业家的股权思维决定了企业走向资本市场的可能性有多大。

股权战略博弈如何规划

前几年互联网烧钱大战，很多普通老百姓面对不少垄断平台，对资本的暴利性多有抱怨，认为影响了线下实体经济，但不得不承认，资本提升了我们的购物、出行、出游、社交等体验。很多创业项目如果没有资本的推动，是不可能在短时间内做成头部企业的，更不可能走向资本市场，所以我们要客观冷静地看待资本的价值。企业家用公司的股权去换取资本的投资，资本的逐利本质会促进资源的优化，资源的优化顺势产生新的资本，并且不断产生新的机会，如此一边循环一边膨胀。

所以，单从经济层面来讲，今后社会上可能只会存在以下这三类人。

（1）资源者：靠出卖时间和体力的普通人。

（2）配置者：出售思想和智慧的创业者、企业家。

（3）投资者：支配大量资产的资本家。

股权结构的演变过程就是各个利益相关者利益博弈的过程。最终的结果都是在各个利益相关者之间找到平衡点，可用“一二三四五六”来概括（见图 1-1）。

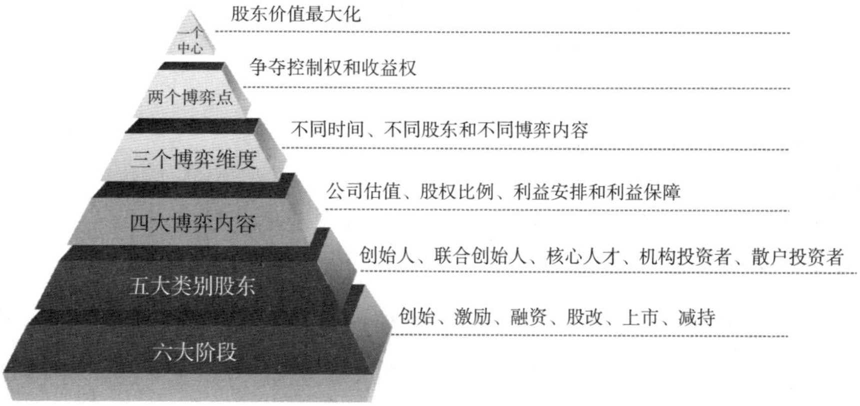

图 1-1　股权结构的演变过程

1. **一个中心**

围绕着“股东价值最大化”这一中心进行，这是最基本的终极目标，就是如何让股东得到最大化的回报。

2. **两个博弈点**

为了争夺控制权和收益权而展开。股权战略博弈无非是对公司控制权和收益权的争夺，具体表现在投票权和分红权上面。

3. 三个博弈维度

在不同时间、不同股东和不同博弈内容之间展开，这是一个动态博弈的过程，在不同阶段，不同股东会有不同的利益诉求。

4. 四大博弈内容

四大博弈内容分别是公司估值、股权比例、利益安排和利益保障。创始人在向资本融资的时候，对估值和稀释股权比例相当在意，投资人对自己的利益安排和保障最重视，双方始终处在博弈中，这其实跟《孙子兵法》里的核心思想是一致的，就是交战双方始终都在博弈心理、利益和战略。

5. 五大类别股东

五大类别股东包括创始人、联合创始人、核心人才、机构投资者、散户投资者。这五类股东在公司资本运作大对决中，所处位置和利益点也是不一样的。

6. 六大阶段

六大阶段分别是创始阶段、激励阶段、融资阶段、股改阶段、上市阶段和减持阶段，这是一个企业走资本之路的全生命周期，不断地变化与博弈，股权这个核心主线始终如影随形。

企业创始人只有把上面的“一二三四五六”内容全面规划好，才能科学地把股权战略博弈的主动权掌握在自己手上。

企业家要打赢“三战”

企业经营就是一场战争，创始人要带领企业员工打赢“三战”。具体有哪“三战”呢？就是战略、战术、战果（见图 1-2），企业创始人要具有打赢“三战”的能力与眼光。

在资本运作大对决的牌局上，企业创始人会经历“画饼”“做饼”“分饼”三个阶段，要运用《孙子兵法》里的核心思想打赢战略、战术、战果这“三战”。

图 1-2　企业家要打赢“三战”

1. **战略**

企业战略的关键在于选对行业、方向、员工，企业创始人要选择有发展前景的赛道，选择符合国家发展战略的新兴产业，红杉资本的投资逻辑就是“赛道为王”。还要做好分配机制设计，在公司的“画饼”阶段，就让大家看到企业的前景和“钱景”，对公司的发展充满必胜的信心，这在企业发展起步阶段是相当关键的。

2. **战术**

创始人通过凝聚高管团队和基层人才，在市场上攻城略地，充分调动人力资源的潜力，实现企业的经营目标和利润目标，将“盘子”和“蛋糕”做大，这是“做饼”阶段，也是企业的成长阶段。

3. **战果**

企业组织全员共同努力获得的战果理应由全员来分享。创始人要敢于“分饼”，有时候公司操盘手（高管团队）的业绩会大于创始人的业绩，那么这时创始人就要果断地让操盘手的收入大于自己的收入，跟华为的任正非一样，只有敢于分出大部分利益，企业这个“大饼”才会越做越大，创始人的胸怀与格局是决定企业能做多大的重要因素。

创始人要时刻问自己，员工为什么要跟着你干？一个领导者、一个团队带头人要给员工创造四种机会：赚钱的机会、做事的机会、成长的机会和发展的机会！

赚钱的机会应排在第一位，你必须给员工足够养家糊口的钱，让他们在工作中得到实惠，在此基础之上，再谈其他，否则整天讲什么“授人以鱼不如授人以渔”都不过是句空话。

创始人要有分钱的意识，给员工打造一种“发财”机制，让员工能够赚到钱、得到发展，这样才能一呼百应、应者云集，不要整天喊空口号，一到分钱的时候却舍不得。

企业创始人不要挖空心思设计绩效考核制度，心里面打着自己的小算盘，生怕员工拿到的太多，亏了自己。绩效考核制度从无定型，朝令夕改，团队成员肯定对创始人没有信任感。

如果创始人是这样的格局，必然会导致人心浮动，员工徘徊不定，忠诚度不高，归属感不强，“这山望着那山高”，一旦有人以更高的待遇抛来橄榄枝，他们就会立马动摇。

在战略、战术、战果这“三战”中，企业家尤其要重视战略投资的资源，因为这在资本运作中是很稀缺的。

创始人如何建立金融资本思维

现在是科学创业的数智时代，创始人作为企业的大局总揽者、全局把控者，除了要具备一定的社会经验和行业知识积累，还要掌握法律法规、懂得解读国家政策，要具备商业理论知识，如市场营销、社会心理学、财务、企业法等基础知识，当然更要掌握一套基本的商业技能，如情商管理、现金流管理、战略规划、财务预算、时间统筹、市场分析判断等。

创始人想要提升公司价值，就要学会整合资本，包括货币资本、实物资本、无形资本，增强可持续发展能力，使公司的资金高效运作，从而提升公司的效益，同时降低偿债负担和投资风险。

为什么实体行业越来越难做？就是因为没有学会金融资本思维，投资一百万元就只做了一百万元的事，这样好像是没有什么经营风险，但是也没有让资本的价值最大化。如果是有金融资本思维的老板，他会降低资本的加权平均成本，比如可以通过发展融资租赁、变卖资产融资、债券筹资等方式，实现公司价值最大化。他还会充分运用成本收益思维、杠杆思维和抗风险思维（见图 1-3），设计公司的组织方式、财务机制、激励机制、代理机制等。

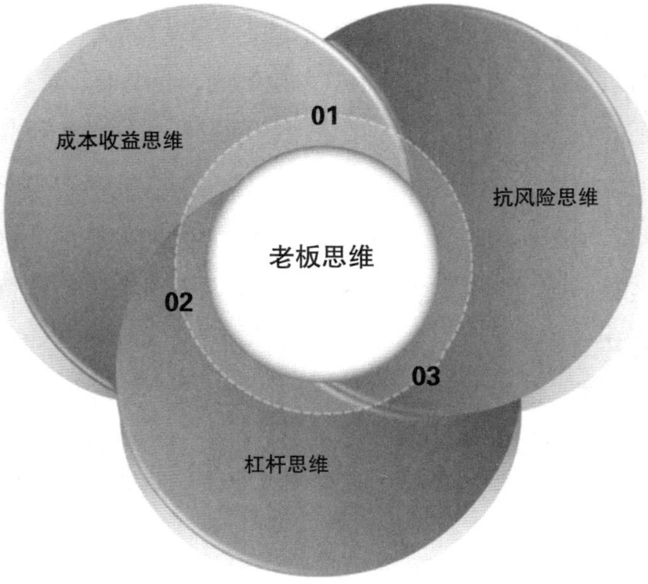

图 1-3　老板的三种思维

一、做老板的三种思维

环顾一下四周，你面对的竞争对手已经不是多年前的创业者了，他们可能从海外留学归来，或者整天在学习金融资本运作，他们有了更高维度的思考，所以你要想突出重围，就要学会《孙子兵法》里的核心思想，要具备做老板的三种思维。

1. **成本收益思维**

成本收益思维要思考这些问题：我花大把时间和资金做这件事情，能收获什么？做这件事情是否真的值得？这件事情对企业今后的发展会产生什么影响？

2. **杠杆思维**

人脉、渠道、资本都是借助别人的杠杆，当然杠杆思维不是简单的借贷或者众筹这样的行为，借助别人的人、钱、资源，设计好分配机制，你就具备了杠杆思维。

3. **抗风险思维**

由于高度不确定的数智时代的高风险性，创业者不得不面对现金流断裂、竞争对手偷袭、市场环境骤变、公司内斗等局面，所有这些你都要考虑在内，并提前做好应对策略。

二、创始人的个人能力

投资圈总说"投资就是投人"，其实这种观点包含了跟人有关的四个层次，创始人（实际控制人）、创始合伙人（团队）、核心团队和公司文化。

创始人（实际控制人）是直接或者间接持有超过50%表决权的人，他决定了公司潜在的风险与价值，他的认知其实就是公司发展的天花板。

1. **创始人的个人认知能力决定公司的发展上限**

创始人对自己从事的行业要有深刻的认知，应着眼于变化，始终保持着好奇心，要有强大的学习能力和对事物敏锐的洞察力，要有独立的思辨能力，能够从纷繁复杂的表象中看到事物的本质。

2. **创始人的个人业务能力决定了公司的发展下限**

创始人永远要有底线思维，永远做公司的最后一道屏障。公司的业务重心和对创始人的能力要求也在不断变化，从研发到市场再向管理逐步过渡。

3. **创始人的胸怀包容程度决定了公司的团队结构**

创始人要能理解这个世界与社会的复杂性与多样性，具有同理心和宽广的胸怀，能站在别人的角度，能谅解别人、欣赏别人、考虑别人的问题；在利益上，创始人要有分享意识，愿意设计一个平台和机制，让团队共享公司发展的成果与喜悦。

4. **创始人的逆境应对能力决定了公司的底线**

创始人在逆境中要有坚韧的精神，创业公司都会面临困难，坚韧的创始人才能带领公司逆风飞扬。

5. **创始人的个人品格奠定了公司文化的基础**

创始人要敢挑战、敢负责，遇事不怕事，就事论事，不要去骗别人，也不要骗自己，承诺的事情全力以赴，再小的事情也要做到极致、做到最好。

三、金融资本思维的三种战略

企业创始人要具备金融资本思维，不管钱是不是我的，只要钱能够为我所用，就可以以产业为基础，以互联网为工具，以金融为战略方针，借水行舟。金融资本思维一般包含以下三种战略。

1. **现金为王战略**

现金为王战略可以简单地理解为现金流思维，很多互联网企业都拥有现金流思维。

2. **产业、互联网、金融结合战略**

以产业为基础，以互联网为工具，以金融为战略方针，将三者有机地结合起来形成一个巨大的发展磁场。这个磁场必须有“打铁必须自身硬”的坚实的产业作为基础。

3. **资本运作战略**

资本运作就是整合、整合、再整合，就是借智、借势、借资源，把“借”字发挥到极致。企业通过资本运作，让这些钱产生更多的价值和利益。想要升级资本运营体系，就要分析公司现有的资源，识别核心能力，对资源的单项和均衡进行识别和分析，比如公司能整合什么资源，确认资源最终在哪儿落地。在公司成立、签署协议和进行内部管理时，要守住底线，消除法律隐患，比如股东进入和退出机制的确认。公司发生投融资、改制和兼并重组时，对于税务违法等红线千万不能碰，可抓住时机，互换品牌和资本，利用金融杠杆，维持稳定的现金流，去杠杆前要预防债务集中爆发的危机。

四、公司资金管理

公司要想获得长足发展，一定要有金融资本思维，其中最核心的就是把资金管理与公司的战略、业务发展和风险管控相结合。公司要想保持可持续的健康发展，需要围绕着“钱”来思考问题。

1. **为什么要借钱**

公司存在的基础就在于实现其愿景和战略目标，做一番事业。有了清晰的战略目标，公司的资金筹集和运用才能有效展开。

2. 借谁的钱

公司初创运营大多面临着发展中资金支持不足的问题，需要向股东、债权人或其他利益体持续筹集资金。

3. 借多少钱才合适

公司需要合理的融资规模来保证可持续发展，同时需要审慎考虑超越管控能力的融资是否会带来经营风险。

4. 如何借钱

公司经营过程中要像爱护自己的羽毛一样爱惜自己的信誉，只有有了良好的信誉，公司才可以更方便地借钱，以更低的成本借钱，向更多的人借钱，所以需维护好公司的信用评级。

5. 如何分钱

公司经营要关注不同的分配机制，包括对员工、对股东的合理分配机制，为公司发展创造和谐环境。

6. 如何管理钱

对于资金的管理，可运用各种信息化管理工具，提升资金管理的效率和效益。

7. 谁来管钱

一个好的财务负责人，会做事公正，规划好公司的财务流程，助力公司发展；一个差的财务负责人，会直接导致公司的经营败局。

8. 如何规避钱的风险

公司资金管理上会出现各种各样的问题，不同公司有不同的风险导向，需要彻底整治。

做小结

股权是创业者的终极武器，要打赢战略、战术和战果这“三战”，实现股东价值最大化。要把企业的控制权和收益权这两个重点牢牢把握，对于公司的估值、股权比例、利益安排和利益保障，要形成制度化的顶层设计。只有在股权思维上有先行性，才能在创业时高瞻远瞩。即使刚开始是“画饼”，但是只要你能带领大家一起把“饼”做好，同时分好这块“饼”，就是创业成功的理想之路。

正如《孙子兵法》中所说：“兵者，国之大事，死生之地，存亡之道，不可不察也。”我们也可以这样讲，股权是企业的大事，关乎企业的生死存亡！

第二节　股权观念决定创业出路

小案例

做公寓管理系统的林总是深圳二代创业者，从深圳大学毕业后，就创办了“海客云”的项目，由于他很早就有股权观念，所以吸纳了技术、运营和市场方面的三个股东，大家股权按出资、出资源和出技术来分配，动态设定贡献点，每个贡献值都有记载，达到里程碑才兑现，获得了市场和资本的认可。

全拆解

林总公司的所有合伙人在一起创业，确立了很好的股权观念，他们都认为股权是一种重要的竞争武器，采用了动态股权调整机制，正如《孙子兵法》中所说，“兵形象水，水之形，避高而趋下，兵之形，避实而击虚”，提前做好了股权设计。事实上，规划好股权战略，不只是合理分配股权比例这么简单。

如何践行正确的股权观念

企业创始人要正确践行股权观念，主要通过以下七步：提前做好布局，选择合适的合伙人，计算出合理的股权比例，采用动态股权设计，牢牢掌握公司控制权，做好股权市场监督管理登记，持续维护好股权机制的运行。

1. **提前做好布局**

如果商业战略没思考清楚，股权战略没制定好，建议暂时不要分配股权。只有厘清了股权战略，你才能知道哪些人可以分配股权，哪些人不适合分配股权，才能明白你应该找怎样的合伙人。

2. **选择合适的合伙人**

如果你的合伙人不合适，再怎么分配股权都无用。你选择的合伙人在能力上要能匹配这个创业项目，同时与你有相同愿景，朝着同一个方向努力，并且一定要与你有共同的价值观，最好能力能够互补。

如果短时间内实在找不到合适的合伙人，那就宁缺毋滥。确定好合伙人后一定要明确谁是带头大哥，控制人要先做好商业战略和股权战略规划，并模拟设计好合伙人之间的股权比例，再和其他合伙人进行确认，可以开几次小型沟通会议，以达成共识。

3. **计算出合理的股权比例**

不要凭感觉、喜好、亲疏来计算股权比例，而要根据每个合伙人对项目的贡献点，比如资金、时间、技术、资源等，根据项目类型，把人力股、资源股、资金股的权重计算好，算出初步的比例。

（1）操作知识产权、资产、资源换股权，不能两步并作一步走，需要对事实进行还原，对知识产权、资产和资源进行估价，或者通过判断经营要素权重的方式计算股权比例，并约定贡献不到位应负的责任。

（2）提前预留员工激励股权及战略激励股权，为未来引进新的人才做好铺垫。

4. **采用动态股权设计**

设定好贡献点，按照每个合伙人达到的里程碑，加上权重与计分规则，计算出贡献值，动态进行股权成熟兑现。要规避合伙人不给力，合伙人同业竞争，合伙人兼职风险，合伙人离职、离婚和离世，合伙人擅自卖股等现象，以免股权系统失衡。项目缺钱需要引入资金调整股权时，也会引发股权风险。

5. **牢牢掌握公司控制权**

刚创业时带头大哥要绝对控股，但随着多轮融资股份会被稀释，这时可以在股权架构上进行设计，使控制人仍然拥有较多的投票权。

比如这样设计：使用金字塔股权架构；通过公司章程的特殊约定调整表决权，实现类似 AB 股的效果；签署一致行动人协议或投票权委托协议；设立有限合伙持股平台等。

6. 做好股权市场监督管理登记

要小心签署股权代持协议，预防一些不可控的风险。进行市场监督管理登记前，还要签署好股东协议、公司章程及确定公司的注册资本。

股东协议的主要内容包括合伙背景、股权比例和注册资本、激励股权的来源、股权调整机制和退出机制、决策机制、合伙人的权利与义务、家庭财产分割与继承机制以及其他条款。

其中与股权相关的事项都可以写进公司章程。建议请专业股权律师来拟订协议，签署股权协议时，最好让合伙人的家庭成员也共同参与。

新《公司法》规定，从 2024 年 7 月 1 日起，公司须在注册满五年时完成实缴。注册资本过高会扩大股东承担的责任范围，注册资本过低会拉低商业信誉，同时容易导致股东对公司负债承担连带责任。建议注册资本根据公司的启动资金、行业特征来定。同时创业者应注意在日常经营中对实缴出资留下证据，避免超出注册资本承担额外责任。

7. 持续维护好股权机制的运行

为了尽可能避免出现重建规则的情形，创始人要注意做好分配股权的前置步骤，不要提前分配股权，可以考虑根据里程碑的实现情况，逐步释放股权，稳步推进。

通过以上七步，你的股权观念践行思路是不是更加清晰了呢？除了践行正确的股权观念，创业还要引进不同的资源，尤其是战略投资资源。

如何引入战略投资者

战略投资者，是指与上市公司谋求双方协调互补的长期共同战略利益，愿意长期持有上市公司较大比例股份，愿意并且有能力认真履行相应职责，委派董事实际参与公司治理，提升上市公司治理水平，帮助上市公司显著提高公司质量和内在价值，具有良好诚信记录，最近三年未受到证监会行政处罚或被追究刑事责任的投资者。

一般而言，战略投资者还应当符合下列两种情形之一：（1）能够给公司带来国际国内领先的核心技术资源，显著增强公司的核心竞争力和创新能力，推动公司的产业技术升级，显著提升公司的盈利能力。（2）能够给公司带来国际国内领先的市场、渠道、品牌等战略性资源，大幅促进公司市场拓展，推动实现公司销售业绩大幅提升。

如何引入战略投资者？可从以下五个方面进行。

（1）战略投资者的引入是一个双向选择的过程，各方都需要考虑“被投资方需要什么”“战略投资者有什么”等核心问题。显然，在公司的再融资行为中，财务资本并非真正意义上的稀缺性、战略性资源。相反，以产业为核心并在研发、市场、制造、品牌、数字资产、管理等方面有协同性、共享性的战略投资者，才是引入的上佳选择。

（2）在公司股权再融资这一行为中，如果说公开发行股票在一定意义上体现了募集财务资本的纯粹性，那么非公开发行（定向增发）股票则明显带有引入战略投资者这一指向性。因为合格的战略投资者不仅能带来资本，更重要的是能带来公司急需的战略性股东资源。最近几年，深创投、上海国投等国资投资公司在企业 IPO 前的最后一轮融资中都起到了战略性股东的作用。

（3）对战略投资者及公司而言，资源投入与参与治理是相辅相成的。要真正发挥战略投资者的积极作用，深入开展战略性资源在公司不同层面的商业合作、有效对接，这是战略投资的根本要义，包括签订并实施战略合作协议，在不同产业、业务领域开展全方位的合作（如建立包括合营公司在内的各种战略联盟体）等。

（4）公司所引入的战略投资者有时是个体，但更有可能是一个群体。从发展趋势来看，围绕产业链、价值链及各环节，吸引更多的其他战略投资者跟投，形成公司独有的股东生态圈，动态引入互补性更强的战略性股东资源，做大公司价值蛋糕，将是公司引入战略投资者所要考虑的关键问题。

（5）不要认为公司引入战略投资者是一蹴而就、一引则灵的，战略投资者的资源投入、参与治理需要一个过程，公司、控股股东与战略投资者之间存在理念磨合碰撞、战略管理协作、文化融合等一系列需要处理的问题。

引入战略投资者，会给企业资本运作注入强大的发展动能。当然，“打铁必须自身硬”，企业自身要有股权战略。

制定公司股权战略的五个环节

公司股权战略是基于商业战略而产生的，制定股权战略首先要厘清商业战略，公司的商业战略不同，就会有不同的股权战略。创业者制定公司股权战略，一共有五个环节（见图 1-4）。

图 1-4　制定公司股权战略的五个环节

（1）厘清商业战略，就是思考清楚你要做什么。比如你是想公司在某一个赛道上成为头部企业，或者是在某一个证券交易所上市，又或者只是成为某一个行业的超级利润体，并没有上市的想法。

（2）提炼经营要素，也就是将你需要的经营要素提炼出来，包括人力、资金、资源、渠道以及其他要素等。

（3）设计股权战略雏形，意思是将你需要聚集的经营要素进行价值判断，与股权挂钩，这就形成了股权战略雏形。针对提供不同经营要素的主体，把它们的价值进行量化，对应不同的比例和数量，就有了初步的股权战略想法。

（4）制定人才战略，思考什么样的人可以提供你需要的支持，即思考你需要什么样的人才。人才肯定是科学创业时代最大的决胜因素，要充分评估和论证他们的价值所在。

（5）细化股权战略并落地，对整理出来的股权战略完成一两个具体画像，从而使股权战略得到细化，可以落地。

企业要走资本运作之路，股权顶层设计一定要先行，这样既能保障创始人对公司的控制，又能吸引人才。股权架构设计要注意保障自己的控制权，多轮融资后创始人的持股比例会下降，可以通过 AB 股、投票权委托、一致行动人协议等方式来加强创始人的控制权。要预留期权池，吸引更多优秀人才加盟公司。对合伙人的股份，也要进行动态调整，根据贡献值的不同，调整股份比例。设定好股权进入、成熟、退出等机制，比如股权回购的价格等。通过这一整套系统性的操作，股权顶层战略就基本能完成部署。

战略财务的主要内容

数智时代，企业想走好资本之路，一定要对自己的项目有战略规划，就像《孙子兵法》中所言，“凡治众如治寡，分数是也”，尤其是对战略财务的重视，这是企业走资本之道首先要考虑的板块。

很多企业都有战略财务，它相当于为企业建造了一座灯塔。此灯塔不仅照亮了自己，还牵住了财务“牛鼻子”，其内容主要包括以下十个方面。

1. 最合适的股东结构和股本结构设计

战略财务一定要做好顶层设计，从资本运作、IPO 上市的目标来制定股东结构和股本结构，比如引入哪些国企战略型股东资源。

2. 最佳的筹措资金方案

企业要快速发展，债权融资、股权融资要双管齐下，除了这两种主要渠道，企业向客户和员工融资也是可以思考的方向。

3. 最优的资金投放和资源配置计划

企业进行资本运作，包括对外投资、招聘人才、媒体宣传、并购重组等多个环节，所以企业要把最佳的资金投放和资源配置计划设计好。

4. 最有效的低成本战略

企业降本增效、开源节流是常态，对于降低企业内部和外部采购成本的策略，要提前做好战略设计。

5. **最稳健的现金流管理预算案**

不确定的时代尤其要注重以现金为王，保持最稳健的现金流必须是企业战略财务工作的常态化要求，只有这样才能让企业在面对风险时没有后顾之忧。

6. **最具竞争力的派息政策**

针对股东的分红派息，是增强投资者信心的重要举措，所以设计好最具竞争力的派息政策，也是要思考的内容。

7. **最有活力的财务价值创造型组织**

把企业打造成最有活力的赚钱机器，是所有股东和投资者都乐见其成的局面，这需要对战略财务进行全面的筹划。

8. **行业最先进的激励机制**

人力资本时代，股权激励刻不容缓，必须先行规划。尤其是进入“人工智能+”的数智时代，提升新质生产力也必然要对最具价值的人才进行激励，达到有效提升人力资本的作用。

9. **最具前瞻性的资产重组和价值最大化的行动计划**

企业资本运作这个大牌局，并购重组是必经之路，要运筹帷幄，决胜于资本之外。IPO 的名额时紧时松，并购重组反而可以获得更多的机会，让风险投资人适时退出，创始人也可在适当的时候退出。

10. **构建业务新赛道的财务计划**

即使企业顺利 IPO 上市，如何保持新赛道的持续增长，也是战略财务要思考的问题。

与战略财务相似的概念是财务战略，财务战略和战略财务两者看起来只是字眼的前后顺序不同，但其实它们之间的内涵还是有很大差别的（见表 1-1）。

表 1-1　财务战略和战略财务之比较

主要对比项目	财务战略	战略财务
工作分工	公司财务的日常工作	公司财务的“牛鼻子”事项
视角和重点方面	站在财务视角关注公司发展	站在公司战略视角看财务工作
所要解决的问题	关注和研究资本结构、税务管理、财务资源配置、投筹资方案、绩效考核等	从属战略管理需要，在规模、利润、效率、风险等方面发挥财务作用
主要管理方式	进行全面预算管理，编制管理会计报表，推进财务价值创造，抓好现金流管理等	提升财务工作及业务能力，以适应公司战略需要
考核目标	从财务入手，影响公司中长期和可持续发展	从战略入手，影响公司中长期和可持续发展

从表 1-1 中可以看出，财务战略相对偏战术一些，是具体执行层面的事情；战略财务是顶层设计，是战略管理方面的需要。战略财务是战略博弈中十分重要的内容，企业创始人要提前做好规划。

做小结

科学创业的数智时代，一定要把股权这个武器利用好，提前做好布局，选择合适的创业合伙人，采取动态的股权设计，掌握公司的控制权，引入战略投资者，并且要做好战略财务工作。正如《孙子兵法》中所说：“计利以听，乃为之势，以佐其外。势者，因利而制权也。”

第二章

作战篇：股权融资

故兵贵胜，不贵久。故知兵之将，民之司命，国家安危之主也。

——《孙子兵法·作战篇》

第一节　怎样撰写符合投资逻辑的商业计划书

小案例

南京做大健康诊断系统的向总想找风险投资公司去融资，他自己对项目的核心技术信心十足，撰写了商业计划书，上面罗列了很多核心技术的图表与符号，以为投资人看了会很感兴趣，可是结果却没有几个人找他继续交谈。后面他找到我，我指出其商业计划书完全不是从投资人的角度去撰写的，投资人当然不会发现其中的亮点。后面进行了优化调整，很快就有五家投资公司跟他进行深入交流，有的还直接与其签署了投资意向书。

全拆解

技术出身的创业者在撰写融资用的商业计划书时总会存在很多的误区，比如把技术方面写得很详细、过于专业化。由于投资人时间有限，可能扫一眼就没有了继续看下去的兴趣，这样相当于失去了宝贵的“约见”机会。

撰写商业计划书的误区与对策

创业者在写商业计划书时存在哪些误区，要采取哪些对策来应对呢？

商业计划书（Business Plan，“BP”）写得好不好，会在一定程度上影响融资的成功率，对于商业计划书中的产品、团队、商业模式等内容要重点提炼，要优化投资逻辑与讲解的框架，要体现专业度与重视度。写 BP 时要避免一些常见的误区，比如：

（1）以为商业计划书写得越详细越好，于是写作者便从项目创想到国家大计开始写起，前面写了十几页还没介绍清楚项目到底是什么，有的人还写到儿时的梦想、各种情怀，其实都是浪费篇幅。

（2）在前面的市场背景分析部分，大量堆砌和搬运市场数据。事实上投资人整天研究行业报告，对于这些市场数据他们是很清楚的，所以也不用浪费篇幅去详细描述此部分内容。

（3）过于突出专业性，使用一些晦涩难懂的文字，让投资人没有兴趣阅读。即使是专门投资你这个领域的投资人，对于纯技术性的内容也会觉得很乏味，投资人不需要像看专业论文那样，对事项了解得那么深入，所以不要写成长篇大论。

（4）缺少吸引人的计划摘要，也就是没有大纲。你想想，投资人每天通过邮箱或微信接收如此多的 BP，如果全部都是长篇大论，他是根本没有时间去细看的。因此，设置一个特别吸引人的标题，有简洁明了的计划摘要，就可能快速打动投资人的心，让他有兴趣往下看你的详细内容。

（5）过度追求包装，形式大于内容，全是泛泛而谈的大理想主义。我做投资人时，经常看到这样夸张的邮件，比如写着“你将碰到比美团、拼多多更加优秀的未来独角兽企业，一定能获得百倍千倍的投资回报”等，让人心生反感。

（6）只强调自己的优势，没有对竞争对手的分析，甚至认为自己天下无对手。如今是“人工智能+”的数智时代，你能想到的创新模式，人家也会想到，你拥有的核心技术，可能别人也在走同样的路径，不可能你一开始就是天下无敌的。

为了吸引投资人的注意，提高融资的成功率，我们需要想办法提高商业计划书的可读性，增加一些修饰，通过哪些方法能提高商业计划书的可读性呢？

（1）让商业计划书更加“可视化”，比如采用清晰的对比数据，采用可爱的卡通形象，还可以附上能自动播放的产品介绍小视频（注意是能自动播放的）。

（2）提升文字的易读性。尽量做到相对口语化一些，不要过于书面化，那样会让人难以理解。

（3）利用色彩提升商业计划书的整体观感。建议采用和谐、协调的色彩，不要超过三种颜色，否则就显得杂乱。

（4）用数据对比代替描述，用一目了然的表格代替文字说明，因为在讲解时，数据更加容易说明问题。

商业计划书要做到结构化思考、形象化表达，以下几种办法，可以提升商业计划书文字的可读性。

（1）不要把所有文字堆在一起，利用不同的标题来区分层次。这样让投资人一看就一清二楚，可以快速获得初步的认知。

（2）拉开行间距，保证在阅读大量文字时不会错行。建议你将发给投资人的文件转换成 PDF 格式，这样在手机、电脑等不同阅读载体上，都不会出现乱码、错行等现象。

（3）简练文字，多分段。尽量长话短说，让人一看就知道你说的重点是什么。关于产品介绍，要直击核心，不可“假大空”。

（4）进行市场分析时，要突出对行业的理解和认知，切忌套用模板。建议采用对照图表来体现，这样会更加直观、醒目。

通过以上措施对商业计划书进行优化，投资人可能就会对你的商业计划书另眼相看。

五环 BP 写法，让投资人眼前一亮

不少创业者认为撰写商业计划书是一件很容易的事，因为网络上到处都有商业计划书的模板，好像很容易就能撰写出一份不错的商业计划书，不过网络上的写作模版只是商业计划书表象的框架，真正的内在核心逻辑没有表达清楚。

事实上，商业计划书的写作模板虽然有很多，但简洁实用的并不多。我

们在这里给大家提供一个类似左轮手枪弹巢里的五颗子弹那样的写法，称为“五环 BP 写法”（见图 2-1），可让投资人眼前一亮，各位创业者不妨试一试。

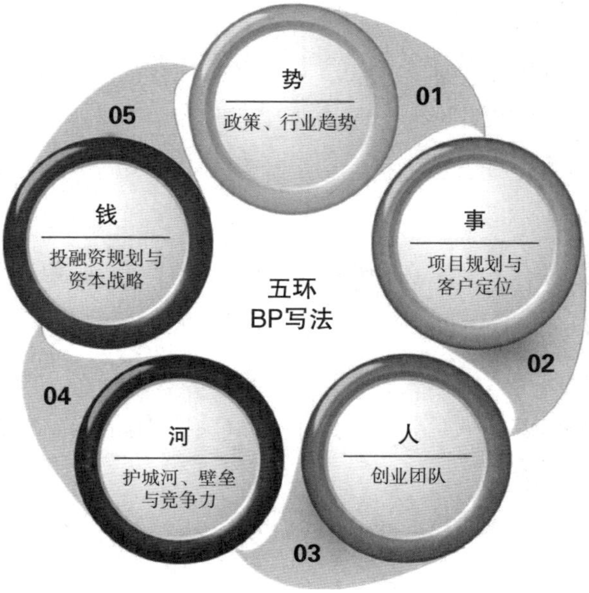

图 2-1　五环 BP 写法

1. **“势”：政策、行业趋势**

势决定了能力，势决定了效率，势决定了结果，势就是风口，风口决定了速度。你选择的行业和方向就是你的势，智能制造、新国潮、人工智能、高端芯片、生物医药、低空经济等，这些领域都是目前的大势。

2. **“事”：项目规划与客户定位**

你要做一件什么样的事情？你要为社会和用户解决的痛点和难点是什么？你企业的运营方向是什么？你企业的盈利模式是什么？告诉投资人你做的是一件非常值钱的事。

3. **“人”：创业团队**

你企业的团队有哪些成员？谁来做领头人？要向投资人证明你们是能赚大钱的团队，而且懂得分钱（通过股权设计来展示）。

4. “河”：护城河、壁垒与竞争力

你企业的护城河是什么？你企业的竞争壁垒是什么？你企业的核心竞争力有哪些？你的企业需要拥有一个怎样独特的绝对优势？

5. “钱”：投融资规划与资本战略

你企业的估值是多少？你企业的投资回报率是多少？你企业运营的周期是多长？你企业每年的净利润预估是多少？你企业的生产成本是多少？对于这些问题，你都要有一个关于“钱”的深度分析。要清楚计划怎么做，要达到什么目标。

以上五环，环环相扣，只要你为自己的商业计划书装上这五颗子弹，扣动扳机，就一定能击中要害，获得投资人的青睐！

商业计划书哪些内容最受投资人重视

创业者对投资人说：“只要有资金进来，我们的企业就会成为这个行业的老大！”其实创业者说这样的话，在投资人那里是非常忌讳的。

因为投资人往往会这样认为：“你讲了半天，我知道你的东西好，可这种好应该由我来下结论，而不是由你来说。”所以创业者不要自我感觉良好，对于投资的价值和回报，最好让投资人自行判断。

还有的商业计划书开头就大谈国际形势，谈××经济会有什么发展，国内会怎么样。要知道，投资人也都天天读产业报告，见多识广。你应该开门见山，别给投资人上所谓的行业形势教育课。

很多人的商业计划书前十页都是对整个市场的综述，其实没必要，写一页就足够了。还有一类人热衷于先抒发情怀，就跟诗人一样，畅谈自己的理想，回味自己当年是如何赚到第一桶金的，他以为这样说，投资人就会觉得他很厉害，投他现在创办的企业也会赚到钱。其实创业是有时间窗口的，赚第一桶金的时候市场环境跟现在是不一样的，现在是高度不确定的数智时代，创业更需要科学分析自己所在的赛道和自己的优劣势，不要自以为是。

创业者本来是想通过这些故事引起投资人的兴趣，但他错了，投资人都是非常冷静的。你这个人再好，如果附在商业计划书前面的是你的“诗集”，投资人看都不会看，随手就会丢到垃圾桶里，因为你太感性了，你可能是一个被创业耽误的优秀诗人，但不等于你能把创业项目做好。

你只需要在几分钟之内，用最简单、最清晰的语言把你做了什么项目，这个项目有什么样的市场，提供了什么样的价值，为什么别人会用这个项目的产品，是不是还会有更多的人使用，你是怎么挣钱的等重点内容描述清楚就足够了。

下面举一个具体案例，比如你在做一个为高考考生提分的项目，如何用一句话来介绍你的商业模式呢？下面有三种表达方式，你可以借鉴一下。

第一种表达方式是：**为用户提供产品**。

具体你可以这样说：为 1300 万高考考生提供智慧提分服务。

第二种表达方式是：**以某核心竞争力为基础，为用户提供产品**。

具体你可以这样说：以神经网络技术为基础，为 1300 万高考考生提供智慧提分服务。

第三种表达方式是：**以某核心竞争力为基础，通过某场景，为用户提供产品**。

具体你可以这样说：以神经网络技术为基础，通过“学霸”辅导模式，为 1300 万高考考生提供智慧提分服务。

怎么样，这三种表达方式是不是很清晰呢？如果你把投资人关心的重点内容展示出来，他就会对你的项目产生兴趣，愿意跟你继续详谈。

现在你可以尝试一下，你的项目怎样按这三种表达方式来向投资人做介绍。

做小结

企业融资要把握大势，写商业计划书除了采用“五环 BP 写法”，还可以从“势、道、术”三个方面去把握。

势：把握国家政策脉搏，找准国家战略方向，往高科技模式靠。

道：找准适合自己的投资机构，摸清谁有钱谁没钱，不要浪费精力去路演，将企业成长的每一个节点都通过业绩或产品进行升华和渲染。

术：搭建合理的估值模型，做好专业的宣传材料，做到真实的财务预测，而不是靠“拍脑袋”想出来的估值逻辑和成长业绩。

第二节　参加路演如何获得成功

小案例

小叶是做虚拟人陪伴项目的创业者，他经常参加一些路演活动，由于他多次参加演讲，表达能力得到了很大的提升。虽然每次都有投资人跟他说“保持联系啊”，但后面却再没有人跟他联系过。他不知道是什么原因，难道一直路演，也融不到资吗？

全拆解

不少创业者到处去参加各种项目路演、创业大赛，但露脸十几次后，依然没有投资人来找自己，这样就渐渐没信心了。分析其中的原因，除项目本身的原因外，跟创业者没有掌握好路演方法也有关系，他们在路演中经常存在着很多不足的地方。

路演中常见的规则

无论是经验很丰富的创业者，还是第一次登上路演舞台的新秀，对于路演这件事，如果没有掌握其中的规则，就会表现出种种的不足。

1. 首先要克服路演时的一些缺点

不要让团队的几个人争相上台演讲，甚至抢话筒，以为这样才显示团队很强大、大家都很专业；不要动不动就大谈可以颠覆 BAT（中国互联网公司三巨头）；不要打击竞争对手；回答投资人提问时要直截了当，不要模糊；抓重点讲，前面的行业背景、市场规模可以一句带过；注意礼貌，不要攻击投资人，认为他根本不了解这个行业、很不专业。

2. 路演的时候千万不要太固执

有的创业者上台后就开始对着屏幕上的 PPT 念文字，不管投资人提出什么问题，他总是说："这个问题我后面会回答，你别慌。"但是后面又不了了之，这样会让投资人有一种挫败感，觉得不受尊重。

像这样的路演通常都会失败，因为时间到了，而投资人想知道的问题并没有得到解答。建议路演的时候大家要随机应变，要根据投资人的状态来展现自己。

3. 要注意倾听投资人的问题，不要一味防御

很多时候投资人会感觉创业者火气很大，投资人如果多问几个问题他就开始发火了。

投资人有时候问问题，并不是想要得到一个肯定的答案，而是想知道你有没有考虑过这件事情，你对你做的事情有没有考虑周全。投资人会通过这些问题来判断你这个人的能力，因为投资就是投人。投资人提出的问题很大程度上都是在看你的反应，你的反应决定了投资人对你创业的看法。

4. 不要绕圈子，简洁最重要

有的投资人会问创业者想融多少钱，这个问题够简单了吧，但是 80% 的创业者却不会直接回答，甚至有的创业者解释了 10 分钟，最后也没说出到底需要融多少钱，建议你直接说出一个数字给投资人。

5. 说过的谎话和大话总是要还的

有的时候，创业者并不是有意要说假话，比如他说深创投、红杉、达晨都联系过他，其实人家只是说感兴趣，但是创业者说着说着就变成已经准备投资了。所以在跟投资人交流的过程中，对自己、对投资人都要永远保持真诚。

6. 学会读懂投资人的反馈

很多时候，创业者见了不少投资人，当时投资人都说项目不错，但最后却没有被任何一个投资人再联系过，有些投资圈的"行话"一定要读懂。

第一种叫“保持联系”。投资人当面说“你这个项目不错，挺好的，我们保持联系”。这句话的真实含意其实就是拒绝了你，不会再联系你了。

第二种也是说“保持联系”，但是后续投资人会主动问你项目的进展，比如过了一个月他会发个微信问你项目怎么样了，这种情况代表他对你的项目还是有一点兴趣的，想进一步了解一下情况。

第三种就是马上开始安排后续的具体见面时间。毫无疑问，这种情况投资人的投资意向最明显。

投资人也是人，一般不会当场直接拒绝你。最好的交流方式就是把投资人当成好朋友一样，用真情实感去交流。

掌握这些技巧，路演一定成

本书主编经常参加“科创中国”、深创赛、深大校友杯、华润“启航杯”等路演大赛并担任评委。作为创业者的你参加过哪一类的路演？是一对一闭门路演还是专场路演、公开创业大赛、年度创投峰会路演？不同场合的路演，对项目数、投资人数、路演时间、互动时间、BP 页数等的要求都不一样，你要提前熟悉每种路演的不同要求，做好充分准备，具体见表 2-1。

表 2-1　不同路演的不同要求

项　目	一对一闭门路演	专场路演	公开创业大赛	年度创投峰会路演
项目数/个	1	1	6～10	8～15
投资人数/人	1～4	4～10	10～50	50～100
路演时间/分钟	20～30	15～20	8～10	5～8
互动时间/分钟	60～120	60～180	10～20	3～7
BP 页数/页	40	30	20	10

针对不同场合的路演，要精心准备页数适当的BP，尤其对于项目的财务数据、融资金额和投资术语，演讲者要先熟悉，最好选择一些关键词句、直观的图片，内容越简洁越好。

1. **展示的重点内容**

重点要展示独特的产品优势、强大的竞争优势、清晰的市场营销策略、周密的成本运营方案、优秀的管理团队、财务情况与预测，这样才会吸引现场的投资人。

2. **演讲的一些技巧**

BP上面不要密密麻麻堆砌文字，最好以图表数据来体现，可以讲一个有逻辑、带感情的故事，开头要有恰当的开头语，比如介绍创始团队，介绍业务增长情况，每个月可以赚多少钱，还可以直接把产品样品展示给投资人。

3. **说出痛点，总结亮点**

痛点一定要是刚需，不是自以为是的所谓痒点。亮点就是你的产品能解决痛点的独特价值，开头三分钟就要把项目亮点总结出来，防止后面时间来不及，没把最核心的内容讲完。

4. **要成为行业专家**

上台后不要总是讲产业概念、宏观形势等，对于这些投资人比你更清楚，你要讲出企业目前处在供应链的什么位置，竞争壁垒是什么，市场上有哪些竞争对手，行业利润率怎么样，要让投资人感觉到你就是这个行业的顶级专家。

5. **下面这些话请不要乱说**

（1）关于技术：不要说全球领先，最好谦虚点。

（2）关于竞争对手：不要说目前还没有对手，可以说据某权威机构发布的报告显示，到目前为止还没有同类产品。

（3）关于资金：不要说万事俱备，只欠东风。可以说投资风险有，但失败的概率很低。还可以说目前企业发展的困难，需要链接哪些资源，自筹多少资金，缺口资金是多少，未来计划是什么。

（4）关于目标：不要夸口说成为下一个谁。

（5）关于情怀：路演时尽量不要说，尽调时可以讲一下你的创业愿景。

相信学会了上面总结的这些技巧，你在各种路演场合都能把握住机会，更好地走向资本之道！

怎样回答评委常问的问题

本书编委会成员的很多老师都经常做路演评委，在现实中参加创业比赛路演的很多评委同时可能是某个领域的投资人，他们有比较丰富的经验。下面总结一下在实际路演中众多评委经常问的一些问题。

（1）商业模式的创新点，包括开拓了什么市场、解决了什么行业痛点、产品开发计划、技术壁垒、应对竞品等内容。

（2）项目前景，项目的落地，什么时候能投入市场。项目一定得有很好的成长性，应用的范围越广越好，技术越先进越好。

（3）投资回报率、投资回报周期。这个需要数据辅佐，而且数据要真实准确。

作为参加路演的创业者，怎样回答评委最关心的这些问题？

（1）胆大，心细。也就是说，胆子要大，心思要细。首先，前面三分钟该讲什么？亮点、价值点首先讲、着重讲；要像了解自己的产品一样，去了解你的竞争对手；对自己项目整体的关键词要非常清楚，从技术、产品到市场，脉络要非常清晰。其次，宣讲的时候要有激情，但回答问题的时候情绪一定要平和，要言简意赅，用词要准确，逻辑要非常清晰。

（2）事先演练和准备。评委的提问通常与商业计划、技术和市场等有关，这些问题在路演之前要做预演，提前准备好答案。回答时语速不要太快，有详有略，吐字要清晰。不要抢答，一定要等评委讲完之后听清楚了再回答，答完之后可以问一下：“请问我的回答是不是能令您满意？”

（3）要和评委达成彼此能读懂的“交流”。很多人倾向于自我表达，但没有认真听问题，听不懂对方说话的真实意图。要听明白对方的问题和内在的逻辑，而不是只会表达。

（4）在表述、答复的过程中，要面带微笑，善意地理解每个评委的意见，一定不要和评委发生争执，谦虚、礼貌是必须的。评委提出的问题一定要接，不能逃避。如果觉得紧张，你可以重复一遍问题，重复的时候在脑海里快速构思答案，这是一个很不错的技巧。

（5）诚实回答问题，敢于承认不懂的方面。在比赛的过程中要尽量以你的商业常识和技术积累理解、回答别人的提问；但遇见实在不懂的问题，不要绕圈子，干脆利落地承认这个方面你还没有考虑周全，虚心接受评委的建议。

（6）对自己的项目要有足够的信心；要寻找项目跟国家产业方向、行业大趋势和投资热点之间的关联；尽量突出公司的优势，弱化劣势。

掌握了怎样回答评委们常问的问题，在路演中你就会变得信心十足。准备越充分，路演的效果肯定越好。

做小结

想要路演成功，你首先要了解路演的形式，比如是一对一闭门路演，还是专场路演，或者是公开创业大赛、年度创投峰会路演，它们对路演时间、互动时间与 BP 页数等的要求都是不一样的；对于 BP 的讲解，一定要在前面三分钟抓住重点，把项目的亮点和价值点说出来，让评委眼前一亮；回答评委提问时，一定要清晰地回答，充满自信。运用上面的这些技巧，你的路演一定会成功！

第三章

谋攻篇：股权设计

故君之所以患于军者三：不知军之不可以进而谓之进，不知军之不可以退而谓之退，是谓縻军；不知三军之事而同三军之政，则军士惑矣；不知三军之权而同三军之任，则军士疑矣。三军既惑且疑，则诸侯之难至矣。是谓乱军引胜。

——《孙子兵法·谋攻篇》

第一节　如何预防公司在注册时的风险

小案例

做工程设备租赁平台的魏总，注册公司的时候，为了体现自己平台实力强大，将注册资本设为 2 亿元，他觉得工程设备都是贵重物品，所以自己的平台这样注册才能让设备提供方和需求方都感到踏实。事实上，后面他有点后悔了，注册时印花税就要交 10 万元，万一公司破产清算了，他要承担的债务也不是一笔小数目。

全拆解

我国每天都有几万家公司注册，注册手续比较简便，办公司的门槛也不高，但是注册公司就有风险相随，比如公司章程的设计、公司类型的选择等，绝大多数创业者按市场监督管理局提供的章程模板进行注册，后面发生风险了却不知道如何补救，因此注册公司也要防患于未然。

如何预防注册公司时认缴资本的风险

在注册公司的时候，股东认缴资本应量力而行，比如一口气认缴了几十亿，约定几十年甚至更长时间出资，这其实隐藏着极大的风险。新《公司法》规定，从 2024 年 7 月 1 日起，公司认缴的注册资金必须在公司成立 5 年内全部缴清。

（1）《中华人民共和国企业破产法》规定，当公司破产，公司财产不足以清偿债务时，股东需要补足认缴的出资，即股东需要提前出资。

（2）在公司面临经营困难或经营期限到期后解散时，股东须提前出资，股东未缴纳的认缴资本作为清算财产。

（3）在公司没有破产或解散但是资不抵债时，债权人是否可以要求股东提前履行出资义务，对此司法实践中裁判意见不一。

（4）股东认缴的资本越高，承担的责任就越大，面临的风险也越高。

（5）投资人在投资项目时，会对公司的资本部分进行详尽的法律尽职调查，防范“空壳公司”风险。

注册一人公司如何防范风险

如果你注册了一人公司，如何设置连带责任的“防火墙”呢？可以通过增资扩股、股权转让或股权代持等方式，加一个小股东（比如占1%股权）来改变公司性质，由一人公司变更为普通的有限责任公司，提前做好公司财产独立的举证准备，事先做好公司财产独立的规划。

创业者要把自己的企业做到上市，在资本运作大对决中，首先要做到“三个独立”，具体是指以下三个方面。

1. 经营场所独立

避免出现一人公司与法人股东注册地址、实际经营地址相同或是共用一块牌匾的情况。

2. 人员独立

避免自然人股东及其亲属出任一人公司的监事、财务负责人等职位，避免法人股东的董监高与一人公司的董监高出现交叉与重叠的情况。

3. 财产独立

每一个会计年度终了都要进行财务审计；避免股东与公司之间出现频繁的资金往来。留存银行流水、记录凭证、协议等证据材料，清晰地反映资金往来的数目及原因。

虽然新《公司法》基于经济发展的需要和实际问题的解决放开了一人公司的设立，但是我们在设立一人公司时依然要保持谨慎。一个自然人不宜设立太多一人公司，否则容易给自己套上沉重的枷锁。一人公司“自证清白”的法律规定，也要求股东在经营公司期间注意合规、保持警觉。在合规经营的同时，股东也应当及时做好财富风险隔离，避免个人及家庭财产因为公司经营风险而流失。这类财富风险隔离措施应当尽早规划安排。

注册公司时怎样个性化设计章程

创始人在注册企业时，第一要务就是选择正确的企业形态。不同的企业形态有着不同的优势，也存在着不同的法律风险。投资主体承担有限责任还是无限责任，是企业形态分类的重要标准。

个体工商户、个人独资企业、普通合伙企业均是“无限责任”的企业形态，即创始人对企业的债务承担无限责任，企业的债权人可以追索创始人的个人全部资产甚至家庭资产。

选择这种企业形态，创始人可以获得少纳税、灵活管理和宽松监管的便利，但面临的风险是可能陷入重大债务陷阱。

在选择这些无限责任的企业形态之前，创始人应当有充分的思想准备与风险意识，并在企业经营中时刻注意防范各种风险，对企业有充分的控制和管理能力。

随着企业规模扩大，企业风险也随之加大，应及时将无限责任企业形态变更为有限责任企业形态，以控制企业做大之后的风险。

如果你在注册公司时要防范风险，建议你从以下条款着手对公司章程进行个性化设计：

（1）明确约定股东出资方式、出资额及出资时间并约定违约责任。有些合伙人承诺的到账资金期限到了还一直拖，如何解决这个问题？要提前在公司章程里约定好。

（2）约定股东表决权的行使方式及排除规则，比如设定“同股不同权”，不要轻信口头承诺，一定要在公司章程中约定好。

（3）明确股东分红比例、认缴新增注册资本比例可与出资比例不一致。这是一个最容易引起股东之间纠纷的条款，一定要明确分红的规则，包括分多少、怎么分、何时分，都要明确。

（4）明确约定《中华人民共和国公司法》规定的股权转让特殊规则。公司成立后，对于一些不合格的股东，如何让他退出公司？股权如何回购？价格怎么定？都要提前做好约定。

（5）明确约定股东资格的继承问题。有些股东会提前退休或意外死亡，股东资格继承问题也要商量好。

（6）董事会议事方式及表决程序可由章程进行进一步约定，比如设置一票否决权等条款。

（7）约定对外投资和对外担保的流程和额度限制等问题。这个也是容易产生纷争的环节，一定要注意。

再次强调，千万不要轻视公司章程！要对日常存续中的常见问题做出准确预测并给出相应的应对处理措施及相关规定，制定公司章程时要特别小心。

公司章程要尽量吸收股东协议的内容，在股东协议和公司章程里明确规定两者出现不一致时（公司章程和股东协议都是可以修改的，因此可能会出现很多不一致的意见）的处理方式。

初次制定的公司章程对股东协议中关于股东权益及公司治理的内容（关于公司设立和筹备的内容除外）要全盘考虑，并明确约定章程中某些条款的修改规则。

做小结

现在我国注册公司实行的都是认缴制，但认缴不代表不用缴，新《公司法》第四十七条规定：“有限责任公司的注册资本为在公司登记机关登记的全体股东认缴的出资额。全体股东认缴的出资额由股东按照公司章程的规定自公司成立之日起五年内缴足。法律、行政法规以及国务院决定对有限责任公司注册资本实缴、注册资本最低限额、股东出资期限另有规定的，从其规定。”所以在注册公司时对于公司章程要进行个性化设计，比如对于出资方式、表决权和分红比例、股权转让的规则，都要注意风险。如果找代理机构注册公司，不要被低价所吸引，要注重评估它们的资质、专业程度与服务水平。

第二节　初创公司如何设计股权

小案例

长沙有一个做社区运动的项目叫作“X盒子运动”，想拓展全国市场。有一个姓蔡的人说他之前在物业协会就职，有各地的物业资源，于是找到了该项目的创始人，让创始人给他分配股权。创始人一看有这么好的渠道资源，真是天助我也，于是马上到市场监督管理部门把股权分给了这个姓蔡的人。结果过了4个月，这位蔡总只是夸海口，根本拿不出什么资源，项目创始人后悔不已。

全拆解

《孙子兵法》里说：“故善用兵者，屈人之兵而非战也，拔人之城而非攻也，毁人之国而非久也，必以全争于天下，故兵不顿而利可全，此谋攻之法也。”也就是说，不仅要开发市场，更要整合资源。在创业过程中除了需要钱，还需要人脉、技术、营销等各方面的资源，但是如果有人以这些资源来出资，我们也要注意探究真伪、考察虚实。

以各种资源出资时要注意什么

在企业实际出资当中，除现金、房产抵押贷款外，如果以教育资源、客户资源、市场资源来出资，其实是存在风险的，那么如何确保出资的有效性呢？这就要求我们提前预防各种出资风险。

（1）教育资源、市场资源等无法以货币估价，也无法进行转让，以此为基础签订的出资协议存在效力瑕疵。以非知识产权的技术出资时，也需要注意出资是否有效的问题。

（2）法律不允许以无法评估的特殊的非货币资源出资，以教育资源、客户资源、市场资源、非知识产权的技术等出资时，要对交易架构、股权架构及章程设计谨慎处理，避免出现投资协议或出资协议无效的法律后果。

（3）实际上在以市场资源或教育资源出资，但合同又以货币出资的情况下，可与合作各方约定分红比例不按照实际出资比例分配，给自己的权益再加上一层保护罩。

初创企业股权设计的原则

一、股权设计五条原则

说到股权设计，很多人都会想到股权比例，持股比例不一定等于表决权比例，表决权其实更重要。公司股权顶层设计要注意下面五条原则，相比股权比例，要更看重表决权比例，这是掌控公司必备的技巧。

（1）切忌平分股权，防范股权之争，比如 50∶50。现在很多创业者基本上认同了这条原则。

（2）要有带头大哥，但也要避免“一股独大”。也就是说要保留相对的话语权，但是不能“一言堂”，如今科学创业时代，需要创业合伙人群策群力、分工合作。

（3）要善用持股平台。初创企业最好是简单明晰，不要盲目地嵌套太多的持股平台，增加股权层级，能满足自身的需要即可。很多自媒体平台总是大力宣扬家族企业、防火墙企业的五层股权架构，但这对于初创企业其实是过早了，并不适用。

（4）做好 IPO 上市的长远规划，预留股权比例，提前规划融资轮次、释放的股权比例，设计好股权激励的阶段和预留股权的比例及退出方式等。

（5）要有风险意识，预设退出机制，提前防范未来可能发生的纠纷，尽量明确到各类协议当中。很多创业者一般只重视股权投资的进入机制，也就是大家一起出钱出力、分别占多少股权比例的问题，但对于创业过程中如何动态调整股权、分批成熟的机制，尤其是合作不成功时的退出机制，是没有考虑到的。但是创业又是一项风险极高的行为，所以要提前确认好股权进入、成熟和退出这三种机制，才能确保企业在数智时代的发展更加顺利、平稳。

二、“一二三四”原则

初创企业股权如何设计？下面的“一二三四”原则可以借鉴（见图3-1）。

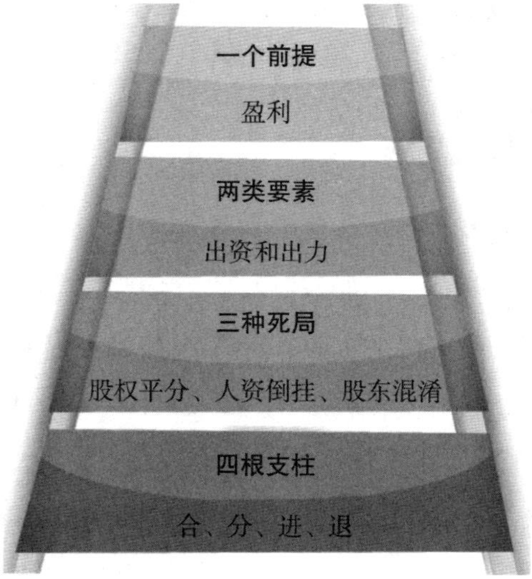

图3-1　初创企业股权设计的“一二三四”原则

1. 一个前提——盈利

无论是赚取时间、空间、信息差价的企业，还是订单型、创新型企业，都要对盈利更加关注。

2. 两类要素——出资和出力

资金股与人力股的平衡关系处理得越好，资本和人力的主观能动性才会越强。在股权设计时不仅要对资本定价，更要对人力定价，而如何对人力定价则是股权设计的重点和难点。

3．三种死局——股权平分、人资倒挂、股东混淆

股权平分、人资倒挂、股东混淆这三种股权基因就如人体基因，基因不好易导致疾病丛生，初创企业在设计股权时，要尽量避免出现这三种情况。

4．四根支柱——合、分、进、退

合得好的前提是分得好，分不好就合不好。合伙人要进得来，不适合的合伙人也要退得出，有进有出，合伙才能永葆活力。

掌握了上面的“一二三四”原则，初创企业的股权设计基本上就问题不大。

做小结

股东资源包括财务资本、无形资源和组织资源，初创企业一定要本着盈利的目标，把人力资本、资金资本、资源资本三项区分开来，避免股权平分、人资倒挂、股东混淆这三种死局，把股东的合作、分配、进入和退出机制提前设计好，只有这样才能合作长久。

第三节 理想的公司股权结构

小案例

在厦门做民宿投资管理的一家公司，其创始人伍总是从维也纳酒店出来的，他召集了四个同事一起创业，以出资作为股权比例划分的依据。后面随着业务的开展，他发现这样是不合理的，于是找到我们帮他重新规划股权架构。我们让伍总成立一人有限公司作为GP（普通合伙人），另外四个同事作为LP（有限合伙人）组建一号有限合伙企业，还有他引进的外部投资人也作为LP，跟一人有限公司一起组建二号有限合伙企业，一号有限合伙企业和二号有限合伙企业一起组建一家有限公司，作为走向资本之路的上市主体。

全拆解

通过这样的股权架构设计，伍总牢牢掌握了公司的控制权，他与上市主体公司之间设置了一人有限公司做风险隔离，两个有限合伙企业起到了高管股权激励和引进外部天使投资的作用，只有伍总有控制权，其他人只有分红权，这样的股权架构设计是很有前瞻性的。《孙子兵法》里说："凡治众如治寡，分数是也；斗众如斗寡，形名是也。"因此，架构设计很重要。

同股同权还是同股不同权

股权结构设计和控制权安排，是协调股东与经理人冲突的基础性的公司治理制度安排。在现代股份公司从荷兰东印度公司开始400多年的发展历程中，股权结构设计都是从两个维度展开的，即股权的集中与分散。在分散股权结构下，一家公司体现控制权的投票权配置，既可以选择“同股同权”构架，也可以选择“同股不同权”构架。

在“同股不同权”构架的实现方式上，既可以选择直接发行双重或三重股权结构股票，也可以通过基于股权协议或获得股东背书和认同的内部管理制度变相形成“同股不同权”构架。

“同股不同权”构架从诞生至今已有近百年历史，由于违反了被视作公司治理正统的“同股同权”原则，长期被认为不利于股东权益的保护而受到主流公司治理理念的摒弃。直到最近的20多年，随着越来越多的高科技企业选择“同股不同权”构架上市，这种被称为“不平等投票权”的股权结构设计才重新引起公司治理理论界和实务界的重视。

“同股不同权”构架的核心是通过将投票权配置权重向创业团队倾斜的方式，实现创业团队与外部投资者之间从短期雇佣合约到长期合伙合约的转化，深化了股东分担风险和创业团队主导业务模式创新这一传统的专业化分工，提高了管理效率。上述构架由于顺应了以互联网技术为标志的第四次工业革命对创新导向的企业权威重新配置的内在要求，而受到很多高科技企业在进行股权结构设计时的青睐。

需要说明的是，基于投资者投资意愿而选择购买的“同股不同权”构架股票，并没有从根本上动摇以股东为公司治理权威地位的股东中心主义，只是股东与创业团队为了建立长期合作伙伴关系，实现合作共赢，从而使投票权在特定状态限定下向创业团队倾斜。

不同的股权结构设计，无论是同股同权，还是双重甚至三重股权结构，都有它们各自的特征，具体应用时，我们创业者应尽量从企业的实际情况出发。

拟上市和上市后公司理想的股权结构

股权架构是企业的顶层设计，不懂股权架构设计，创业就注定失败！我们先来看一个典型的案例（模拟），梁山泊集团是《水浒传》中富有特点的股权组织，它的股权架构值得企业家们思考。

梁山泊集团在早期创业时，王伦、杜迁和宋万占股比例分别为51%、25%和24%（注：此数据为模拟比例，下同）。

王伦因为心胸狭窄，屡次刁难前来投奔的林冲、晁盖等人，后来在晁盖的送行宴上，被林冲火并。宋江、吴用、公孙胜等陆续加盟成为主要股东，此时股权结构是晁盖占比51%，为第一大股东；二股东宋江占比34%；其他股东占比15%。

同年梁山泊召开了第二届股东大会，选举晁盖为董事长。后来晁盖在打祝家庄时意外身亡。二股东宋江接手晁盖的部分股份后，成为第一大股东，占股高达85%。为了上市考虑，宋江设定股东人数为108人，并代持了其他人的股份。

后来，大宋集团董事长赵佶彻底收购了梁山泊集团，此时股权结构为赵佶占股90%，蔡京、高俅与宋江等占股10%。

从以上案例可以看出，梁山泊集团的股权结构经过多次变更，最终被国资所收购，创业团队被彻底踢出局。

通常来说，拟上市公司合法且合理的股权结构应包括以下四大部分。

（1）大股东及其家族持股比例不低于35%。这样才能稳定控制权，避免内部出现股权之争。

（2）战略投资者持股比例多为10%～15%。战略投资者进入股东层就是为了解决资金难题，让上市前的企业资本运作能力得到明显提升。

（3）高管团队持股比例10%左右。如果小股东人数超过30人，那么应当建立持股平台，对股权进行统一管理，以此降低股权的不稳定性与复杂性。

（4）不低于25%的公众股。《中华人民共和国证券法》规定：小于4亿股的拟上市公司应发行不低于25%的公众股。

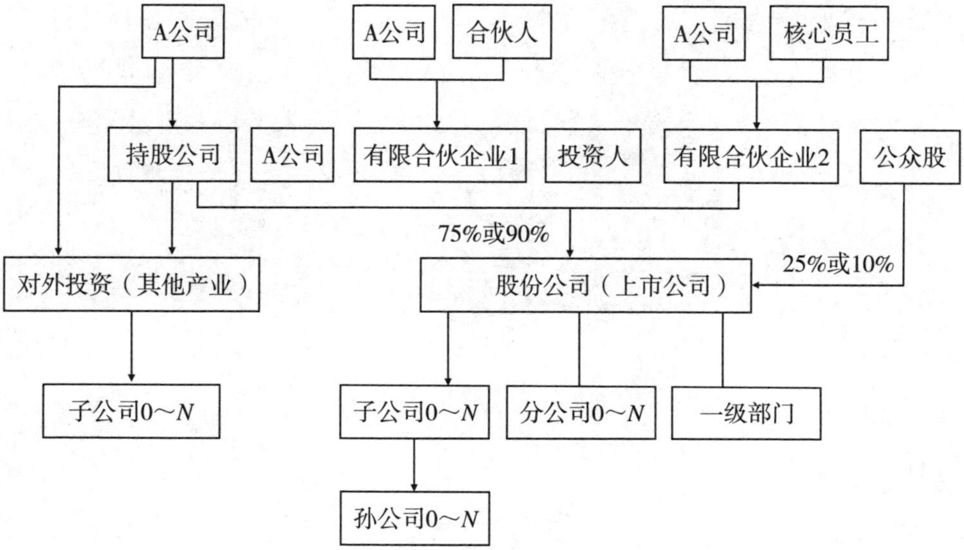

图3-2　公司上市后理想的股权结构

图3-2为公司上市后理想的股权结构，实际控制人可以选择通过持股公司持股，也可以通过自然人直接持股的形式持有一小部分股权。直接持股部分，上市解禁后可以直接卖出，资金回流到个人账户，解决个人资金问题，比较方便。

合伙人和核心员工股权激励采用有限合伙的形式间接持股。实际控制人做有限合伙企业的GP，有利于保持对主体公司的控制权、保持公司的稳定性。

有的企业也会让合伙人和核心员工直接自然人持股，在该部分占比较高、人数较多或者人员不够稳定的情况下，建议增设持股平台。

投资人如果有自己的投资机构也可以通过私募基金等形式入股，外部投资者个人直接持股的情形也同样存在。

做小结

公司股权结构常见的形式有一股一票，另外还有双重股权结构和三重股权结构，而一些高科技公司和互联网公司出现了更多样的股权结构。其实股权结构设计是挺考验设计者权衡能力的，既要让创始人掌握公司的控制权，又要避免大股东权力过大、滥用权力而损害公司利益和小股东利益情况的出现，还要在公司股权分配的过程中把握好战略投资人、财务投资人之间的投票权与分红权的平衡。所以设计股权架构，最好是找专业的股权顾问机构来完成。

第四章

军形篇：股权合伙

兵法：一曰度，二曰量，三曰数，四曰称，五曰胜。地生度，度生量，量生数，数生称，称生胜。故胜兵若以镒称铢，败兵若以铢称镒。胜者之战民也，若决积水于千仞之溪者，形也。

——《孙子兵法·军形篇》

第一节 真正的合伙模式是什么

小案例

新材料研发公司的创始人孟总听了抖音等短视频平台上讲的，要推行合伙制，也就是要做股权激励。于是他就把新进公司的几个人都变成了合伙人，因为他觉得只要员工有了公司的股权，就一定会产生主人翁精神，会全力为公司的发展做贡献。但事实并不是他想象的那样，几个合伙人没过几个月，就在公司指手画脚，以为自己是公司老板，但能力一般。真正有能力的个别合伙人主动请辞离开了公司，他们觉得那几个所谓的合伙人跟自己的价值观完全不一致。孟总这下疑惑了，“难道我推行的不是真正的合伙模式？”

全拆解

案例中的孟总为什么会失败？原因是他没有理解什么是真正的合伙制，他以为给大家一个合伙人的身份就万事大吉了，甚至对找合伙人的标准都没有弄清楚。《孙子兵法》中说：“上下同欲者胜，同舟共济者赢。”要想真正取得胜利，必须大家齐心协力，为了一个共同的目标去奋斗。

怎样正确理解合伙制

数智时代科学创业，找一群志同道合的合伙人是推行合伙制的前提，否则就变成了“一伙人机制”。实行合伙制必须产生“1+1+1＝111”的复合效用，否则就没有分配增量的基础。在实际的股权咨询中，很多创业者的合伙其实是伪合伙，不是真正意义上的合伙。

一、真正的合伙制

那么怎样正确理解真正的合伙制呢?

（1）能力和意愿是合伙制形成的两个必要条件。有能力没意愿、有意愿没能力的人都不可以成为合伙人；大可不必将合伙人的意愿同品德与境界挂钩。

（2）合伙制重在激励而非分配。所以，你的企业要推行合伙制，就要讲究激励规则，用规则来引导大家通过“共识、共担、共创、共享”一起创造更加有价值的未来。

（3）合伙制可以用较低的薪资找到一流的人才，因为企业与合伙人分享的不是当下的薪资，而是未来资本化的收益。而这一点对于相对缺钱的初创企业，是十分友好的。

（4）合伙制的确立是一个动态股权机制下优胜劣汰的过程。在这个过程当中，优秀的人逐渐替代落后的人，所以股权不能一成不变，建立优胜劣汰的机制才是最有效的。很多企业的合伙制总是固定股权比例，这是不对的，而应该通过对合伙人的贡献大小进行评估，动态调整股权。

（5）不要奢望给予某个人合伙人身份，他就一定能真正成为合伙人。这是因为个人的意愿可能无法被机制改变，但可以通过机制筛选和迭代不同的合伙人。

（6）合伙制不但需要考虑目前内部合伙人关系的构建与股权激励，而且需要考虑在未来发展中如何把产业的要素转变为合伙的要素，以汇集各方力量，发挥各方能量，在急速变化的外部环境中站稳脚跟，在练好“内功”的同时外拓疆土。

（7）合伙制是一种符合人性的机制。合伙制可以充分激发人才的内在潜能，使人才在奋斗的同时，也为企业创造价值，促进企业的进一步发展，最终实现员工与企业的共赢。

（8）合伙制必须建立在“志同道合、合作与共享、资源与能力”的基础上，才能真正发挥其强大的作用，这就要求企业文化建设与机制设计同步进行。合伙制的目的是把效率提升起来，使企业的价值增长与每个员工，甚至外部参与者都相关。合伙制的推行要求从个人奋斗转变为团队共同奋斗，将利益共同体变成事业共同体，甚至是命运共同体。

二、合伙制的优势

合伙制的优势主要体现在以下四个方面。

（1）资金来源更广。筹集资金时可以适度突破个人拥有量的限制，提高外部贷款的信用，使资金来源变得更为宽广。

（2）抗风险能力提升。由于风险分散到了各个合伙人身上，所以合伙制企业的抗风险能力得到了极大的提升。

（3）责任实现共担。合伙人会竭尽全力地为企业发展而努力，因为企业好了，自己的利益才更有保障。

（4）众人拾柴火焰高。作为出资者的众多合伙人会综合自身的知识、阅历等，提升企业经营管理水平，助力企业更平稳、快速地发展。

现在一些短视频铺天盖地地宣传股权激励，常常把股权激励和合伙制两个概念混淆，其实它们两者之间还是有差别的。

合伙制关注的是价值的分配，相对更加灵活，具有较大的空间，而且要求合伙人对经营负责。合伙制不仅可以汇集资金、资源、技术、管理等各方面力量，扬长避短，还能真正做到去中心化，增强企业内部的公平性，提高决策的准确性。

股权激励具有资本整合的内涵，侧重于资本的价值分配，受到法律和其他因素的制约，要求参与者对投资负责。股权激励是合伙制的核心组成部分，作为连接合伙人与企业的纽带，股权激励在赋予合伙人权利的同时，也将合伙人的利益与企业前景紧密捆绑在一起。

合伙制包含的范围更广泛一些，股权激励只是其中的一部分，是合伙制得以落地的重要手段。

真正理解了合伙制，你开办公司就算找到了灵魂，有了创立之本，下一步就可以开始推行合伙制。

找合伙人有哪些标准

有的创业者说找合伙人找了两三年，始终都没有遇到合适的。有人说他可能是太挑剔了，或者根本不知道找合伙人的标准是什么。找合伙人最基础的四个标准要先确认好（见图 4-1）。

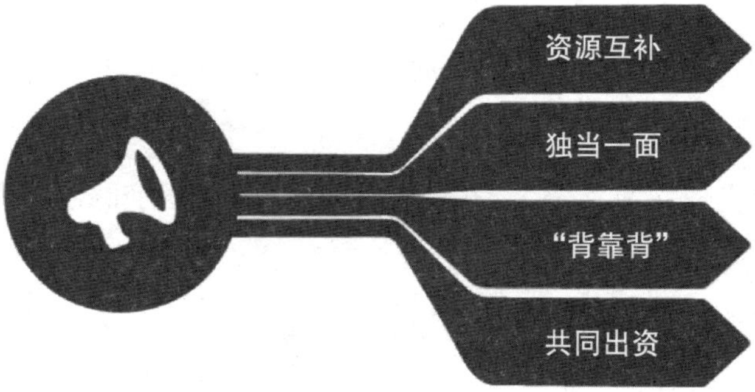

图 4-1　找合伙人的四个标准

1. **资源互补，取长补短**

合伙人之间是“我不能没有你、你也不能没有我”的关系。谁也不能缺了谁，这样才可以成为合伙人。千万不要找你之前所在公司同一个部门的同事，比如大家都是做技术、写代码的，这种不能形成资源互补。

2. **一定要各自独当一面**

CEO、COO、CTO，最好是在管理、营销、技术产品等方面有各自的长处。创业公司需要大家都有自己独有的能力，初创企业对合伙人的专业能力、心力和逆商都有很高的要求，所以每个合伙人都应该是“超人”。

3. **要“背靠背”**

除了要各自独当一面，发挥各自在研发、运营、财务、营销等方面的优势，有效整合团队成员，合伙人之间还应紧密联系，彼此“背靠背”产生高度的信任感。只有这样的合伙人，才可以参与股权的分配。

4. 最好能共同出资

出资不一定要求同比例，可以有多有少。俗话说得好："钱在哪里，心就在哪里。"

合伙人要做到志同道合、互相信任，否则将带来无穷的隐患。要避免股东素质参差不齐，如果股东之间在经营理念、商业创新、合伙意识、价值判断、投资理念等方面存在重大差异，那么他们将很难在公司运营管理中达成共识，这将会导致股东之间产生严重的矛盾。

另外提醒各位读者在创业时，异性之间要慎重合伙。异性合伙容易出现问题，要慎重而为。比如两个人经常一同出差、加班，如果都是有家室的人，时间久了，就会出现各种绯闻，最终可能导致两个合伙人的家庭矛盾不断、后院不稳。当然这也不是绝对的，只是就普遍情况善意地提醒各位创业者。

找合伙人时一定要说明要合伙的意思，分清合伙人的层次，谈明白合伙人的职权划分、收益分配机制和退出机制。要先了解合伙有哪些权利、哪些义务、哪些责任、哪些收益、哪些风险，谈得越详细越好。特别是如果到了后面再来谈钱，就会伤感情，一开始"你好我好大家好"，但就是不谈有关钱的事，这种情况下大部分都会在最后进行收益分配时产生矛盾。

希望大家识缘、惜分，在有意找合伙人时就制定心目中的标准，尽快找到自己心目中的理想合伙人，确定好合伙人之间的合作机制，让大家为了共同的目标而努力。

关于合伙制的三个误区

在明确了找合伙人的标准后，很多初创企业便采用合伙制，但是也会存在一些误区，比如把人力资本的作用无限神化，觉得合伙创业其他方面的因素都是次要的，只有人力资本才是最重要的。合伙制的建立确实可以激发大家一起创业的动力，但有三个误区值得注意（见图 4-2），这是很多创业者都经常踩的坑。

图 4-2　合伙制的三个误区

1. **合伙人就是参与分钱的人**

合伙人除了分红权，还需要匹配参与公司经营决策的权力。如果只是参与年底分红，那么拥有股东身份就够了。建议考虑设立合伙人委员会，或者定期召开合伙人会议，赋予合伙人重大事项的决策权。

2. **过度推崇人力资本论**

现在创业者越来越重视人力资本的价值，但也不能操之过度，唯“人力资本论”至上，要科学分配人力资本、资金资本之间的权重比例，因为创业成功的因素不仅仅是人，还有其他很重要的因素。

对于创意类、咨询类等轻资产公司来说，人力资本的话语权要强于资金资本。对于资金资本依赖程度高的行业，就需要明确到底哪些价值是由人力资本创造的，哪些价值是由行业天然属性带来的，哪些价值是资金资本贡献的，只有这样才能进行差异化的机制设计。

3. **合伙人就是坐等收获的人**

不是说只要成为合伙人，就一定会有收益的。如果不能坚持“谁贡献谁享受”的原则，合伙人就容易滋生“坐享其成”的观念，认为只要投资入股成为合伙人，就可以坐等收获了。

前面我们讲过，合伙制≠股权激励，但为什么大家都默认它们是一样的呢？现在不少短视频自媒体、股权培训班都宣传股权激励是合伙制的核心内容，中国管理咨询与培训行业绝大多数讲授合伙人课程和提供合伙制咨询服务的公司或个人，普遍把股权激励作为合伙制来贩卖。

这些老师或专家们自己心里也明白，单纯实行股权激励并不是真正意义上的合伙制，但由于设计真正意义上的合伙制需要有深厚的管理专业功底，且因为服务难度增加，服务收费也不得不水涨船高，所以他们就向企业家们宣称股权激励就是合伙制。

企业家通过培训和教育，误以为只要对关键人才实行了股权激励，使他们成为一定程度上的“老板”，便不再需要对他们进行管理了，其实这是企业家的一厢情愿，往往起不到好的效果。

做股权激励相对容易些，建立整个合伙制则要改变很多管理体系、财务体系，所以很多企业家选择知难而退，绕道而行，择易而为。培训老师所宣称的合伙制，往往只是其中重要的一环——股权激励。在真正的合伙制中，光合伙协议就包含了很多重要的条款。

合伙协议条款

一、合伙协议包含哪些条款?

完善的合伙协议条款主要包含：合作背景，创业项目概述，每个合伙人的出资额、出资方式、出资时间和财产权转移方式等。

对于出资评估、股权比例要明确，特别是对合伙人的分红，比如 CEO、COO、CTO 的分红规则，要明确下来。

对于盈亏承担的原则、流程要写清楚。合伙人的薪资约定、财务费用计算方式，公司决策机制和表决权的设定，要清晰明了，千万不能“和稀泥”。

除了股权进入机制，还要明确股权成熟机制，比如合伙人退出时股权回购的价格问题。投资人进入后的股权稀释问题也需要写清楚。

对于创业项目的保护，比如知识产权、保密、竞业限制、同业禁止等协议都要签订，当然公司清算的规则也要设定好。

以上就是合伙协议的基本条款，可能你会觉得之前没有想这么齐全，以为只是分配一下股权比例就行了，其实认真花时间把合伙协议中的具体内容谈得越细，后面合伙时就会越顺利，否则合伙时就会出现各种摩擦，严重时可能导致合伙破裂甚至对簿公堂。

二、法律风险

如果合伙协议签署不当，会产生以下四个方面的法律风险（见图 4–3）。

图 4–3　合伙协议签署不当的四个法律风险

1. 约定不当的法律风险

合伙协议中不能约定的主要事项包括不得约定将全部利润分配给部分合伙人或由部分合伙人承担全部亏损。

2. 缺乏保密条款的法律风险

公司成立后的股权资料、专利技术、商业模式、财务信息等都需要严格保密，但如果合伙协议中没有列出相应的保密条款，那么公司就会有很大的法律风险。

3. 缺乏约束机制的法律风险

要约束合伙人对经营信息的滥用，比如在对合伙人的竞业禁止上，尤其是不参与经营的小股东，更加需要与其签订竞业禁止协议。

4. 约定不完备的法律风险

合伙协议涉及合伙人之间全方位的合作关系。关于合伙人的出资数额、出资方式、出资时间等重要内容，一定要在合伙协议中约定完备，否则可能会引发股东之间的矛盾纠纷。

三、合伙协议与公司章程

如果公司不按出资比例分红，就必须由全体股东约定，这种约定的公司章程需经全体股东一致同意。合伙协议与公司章程约定不一致时，谁的效力更大？见表 4-1。

（1）多数意见认为公司章程的效力大于合伙协议；也有人认为制定在后的大于制定在前的。

（2）公司章程要尽量吸收合伙协议的内容，保留合伙协议，并且在合伙协议和公司章程条款里，都应载明二者出现不一致时的处理方式。

（3）首次制定的公司章程全部吸收合伙协议中关于合伙人权益及公司治理的内容，不保留合伙协议（关于公司设立和筹备的内容除外），并明确约定章程中的某些条款的修改必须经全体股东一致同意。

表 4-1　合伙协议与公司章程之效力及适用比较

项　目	合伙协议	公司章程
约束对象	签约股东	公司、股东、董监高
是否公示	不公示	备案可查询
对第三方拘束力	无	有
违反后果	违约责任	行为无效
冲突时效力比较	列后	优先

合伙协议的签订，可以说是建立合伙制的基本前提，当然合伙制的优化还要因时而变、因需而变。找好合伙人，制定相应的合伙制后，最重要的就是设计各种类型的合伙模式了。

做小结

科学创业时代，合伙模式确实是大势所趋，但要真正掌握合伙模式的精髓，一定要正确理解真正的合伙制，它是共识共绘的蓝图、共生共死的精神、共创共享的模式以及共责共担的治理。找合伙人要做到资源互补、各自独当一面、“背靠背”，最好共同出资。合伙之前要签署合伙协议，先把责、权、利确认好，合伙制在企业的发展过程中也要因时而变、因需而变。

第二节　如何设计各种类型的合伙模式

小案例

有一位对国学文化很有造诣的高人跟作者聊天，他知道我们是做股权设计咨询的，他说其实股权合伙也可以用东方哲学思想来解释，核心就是六个字：分享、公平、控制，分别对应股权设计中的道、法、术。《孙子兵法》中讲："道为术之灵，术为道之体；以道统术，以术得道。""道"是分享，股权的核心价值在于参与感，只有获得股权的人才会和你有一样的心态，觉得自己是公司的一员，他们会觉得是为自己而干，产生很强的归属感。"法"是公平，股权对应价值贡献，其实就是公平制度的延伸，要动态设计合伙人股权分配模式。"术"是控制，是指掌控公司控制权的股权设计方法，包括AB股、一致行动人协议、投票权委托、有限合伙等方式。我对这位高人深表钦佩，他居然把合伙模式的核心思想说透了。

全拆解

如果你的公司要走资本之道，在数智时代存在很多种合伙模式，那么具体如何设计事业合伙人制、客户合伙制、厂家与经销商合伙制、城市合伙人制、产业链合伙人制？这些合伙人制随着时代的发展，已经变得越来越成熟，有些机制很值得创业者借鉴，我们一起来探讨一下。

事业合伙人制如何设计

事业合伙人制是一种企业组织形式或管理机制，其核心思想是通过将特定的员工或合作伙伴认定为企业的合伙人，并赋予他们与企业高层管理团队成员类似的特殊权力和责任，以实现共同发展和成功。

总部集权制、事业部制和事业合伙人制是三种较常见的组织结构，它们的区别如表4-2。总部集权制具有权力高度集中、统一标准与流程以及资源调配等优势，但也存在决策风险、响应缓慢和创新受限等劣势；而如果说事业部制的突出功能是带动了职业经理人的积极性，那么当前越来越流行的事业合伙人制则称得上是真正事业意义上的合伙人制。

表4-2 总部集权制、事业部制、事业合伙人制的对比

对比内容	总部集权制	事业部制	事业合伙人制
运营管理授权程度	低	较高	很高
投资资金来源的比例	无	无或低	较高
治理结构中决策权力的拥有情况	无	无或低（以某种管理委员会成员的角色出现，往往不在董监高的治理结构中拥有席位）	较高（拥有股东、董事等席位）
业绩直接收益的分享力度	无	较高	很高
股权间接收益的分享力度	无	无或低	较高

一般来说，如果企业采用事业合伙人制，则既能在短期内看到价值，也具有长远的意义，主要表现在以下几个方面。

（1）短期内能看到的价值主要体现在：配合企业业务与组织的变革，有

助于实现年度业绩目标，提升决策效率与准确性，合伙人的个人收入会更加合理。

（2）长远的意义主要体现在：能优化机制、激发活力、保障企业核心人员的稳定性，可通过合伙团队的“发动机”和“复制”功能自下而上地驱动企业发展。自上而下是从内部选择并优胜劣汰出与企业要求匹配的合伙人群体，从而使企业战略意志能更好地得到贯彻和满足。

在实施事业合伙人制时，以下为常规操作步骤：

（1）明确合伙人的选拔标准和条件。

（2）制定合伙人的权利和义务清单。

（3）建立公平、公正的评估和奖励机制。

（4）推行公开透明的管理制度，确保合伙人的权益得到保障。

（5）定期对合伙人的绩效和贡献进行评估，并给予相应的奖励和激励。

需要注意的是，即便大家都采用的是事业合伙人制，不同的企业因为各自的具体情况不同，在实施中运用的机制、授予权力的大小以及激励的手段等也都会不一样。

一些企业在采用事业合伙人制后取得了显著成效。例如，深圳 A 公司招募行业内具有丰富经验和资源的专业人士作为合伙人，这些合伙人不仅带来了优质的客户资源和市场渠道，还积极参与新产品的研发与推广。在短短一年内，该公司的业务几乎覆盖了全国主要大中型城市，客户数量大幅增长。类似成功案例表明，事业合伙人制在推动企业快速发展和提升市场竞争力方面具有重要作用。

客户合伙制如何设计

企业选择合伙模式，除采用事业合伙人制外，与客户进行合伙也是一个不错的选择。

不确定的时代，企业家都在感慨：现在找个客户可真难啊，如果让客户成为公司的股东会不会更好呢？这种思维其实就是客户合伙制，即客户能为厂家介绍更多客户，从而增加公司的业绩。

客户一旦入股公司，其实就有了三种身份，第一种是客户，第二种是股东，第三种是营销员。客户是他本来的身份，股东是入股之后新增的身份，营销员的身份源于他为公司带来了其他新客户。

在这种情况下，客户的收益机制设计就包括两个内容，第一个是他的股权收益，第二个是他带来新客户的业绩提成。这两个内容也可以合二为一，都叫作股权收益，也就是把拉来新客户的业绩提成折算成他的股权收益。

他带来新客户的业绩，是选择分开计算还是合并计算，需要细致地测算和设计。如果分开计算，好处就是收益直接与业绩挂钩，核算起来简单，成本相对可控，结算也很迅速。

对于服务型行业，消费较多来自朋友介绍，增加业绩可能就是一句话、一个电话的事情，不费什么劲，这种情况采用分开计算的方式是可行的。

对于产品型企业，客户之所以入股，可能是真的看好厂家的长期股权价值，乃至上市后的巨大溢价，此时则可以把股权收益和业绩提成合并起来计算。

厂家与经销商合伙制如何设计

一、厂家与经销商合伙的三种情况

数智时代单打独斗成功的可能性较低，只是单一的销售关系也很难把事业做大。泸州老窖、格力电器、百丽的成功说明了厂家与经销商合伙制的魅力。厂家与经销商的合作可以从经济层面上升到股权层面。厂家与经销商进行股权联合，一般可以分为以下三种情况（见图 4-4）。

图 4-4 厂家与经销商合伙的三种情况

（1）厂家开放一部分股权给经销商，做到经销商股东化．经销商可以通过业绩折股或投资入股，成为厂家的股东之一，实现与厂家利益更好地绑定。销售业绩越好，经销商持有的企业股份就越多。比如泸州老窖和海尔就是这种模式典型的成功案例。

（2）经销商开放一部分股权给厂家，做到厂家股东化。厂家可以通过投资入股，成为经销商的股东之一，把经销商变成合资公司，双方共同持有这家合资公司的股份，结果就是这个区域所有的销售都由该合资企业负责。比如华为、格力电器就是这种模式典型的成功案例。

（3）厂家可以占大股，把经销商变成子公司。这就意味着经销商被收购了，这也是经销商的一种退出形式，同时是便于厂家未来上市的一种合规性考虑，避免潜在的同业竞争和关联交易。最后实现双方共同持股，然后在这个共有的平台上合作。比如百丽就是这种模式典型的成功案例。

经济利益、企业愿景、股权联合，是一个厂家能给经销商带来的三重利益。这三重利益不是并列关系，而是递进关系。

厂家的形象和行为时刻影响着经销商的心态和信心。厂家如何帮助经销商赚钱，厂家自己是否有更高的愿景，厂家的股权是否值钱，是决定这种类型的股权合作能否成功的三个关键因素。

二、格力电器的模式

格力电器的销售模式，从最早的单一经销制到大户制，再到区域销售公司的合伙人制，它的经销模式也曾遭遇不少挫折，但它是不断优化升级的，它对供应链合伙人进行动态管理，把握了合伙事业取得成功的关键点。

（1）对于曾出现过的许多问题，格力电器总是在动态中解决，使得其销售公司模式得以延续与发展。

（2）格力电器打造供应链合伙人文化，并基于合伙人文化规则不断训练优化，董明珠多次展开“清理门户”的行动，正是基于格力电器的文化标准，是对渠道合伙人合作意识与行为规范的再次重塑。

（3）一级区域批发商实行区域销售公司模式，而不是所有的区域分销商都实行这种模式，这是保障共同价值观和合伙利益的有力之举。

（4）格力电器充分考虑供应链合作伙伴关切的利益，能够换位思考。

城市合伙人制如何设计

还有一种常见的合伙模式是城市合伙人制，尤其是面向终端用户的新消费类项目，比如服装、美容、食品、培训、化妆品等行业常采用这种模式。

企业要想把业务铺向全国，可以采纳城市合伙人的商业模式。要招募省市级城市合伙人，负责拓展在外省或外地的城市业务，就需要搭建城市子公司，负责省市级业务扩张和市县级合伙人招募。下面通过例子，从三个层面（见图 4-5）来分析城市合伙人制应该怎么去做。

图 4-5　城市合伙人制的三个层面

1. 股权架构与利润分配层面

举个例子，城市子公司注册资金为 100 万元。总部出资 60 万元，占股 60%；城市合伙人组建几个人的团队，出资 40 万元，占股 40%。回本前，按照股权比例进行利润分配；回本后，总部利润分配 50%，合伙人团队分配 50%。

2. **合伙人优先分红权设置层面**

如果业绩连续三年完成考核指标，城市合伙人团队再额外享有10%的分红权。如果城市子公司出现亏损，总部承担70%，合伙人团队只需要承担30%。如果拓展出省市级城市合伙人，还可以获得5%的分红权奖励。

3. **股权回购置换层面**

如果城市子公司上不了市，公司可以以当年净利润的5倍回购城市合伙人的股权。比如当年净利润为100万元，合伙人团队占股40%，回购价格就是200万元（40万元×5）。

未来还可以把城市合伙人的股权按照估值置换成集团总部的股权，使其享有未来的资本溢价。

产业链合伙人制如何设计

如今是一个产业链合作共赢的时代，只有大家合作才能共赢。怎样对产业链上下游伙伴进行合伙人机制设计和科学分股呢？我们总结出了“一二三四”产业链科学分股法（见图4-6）。

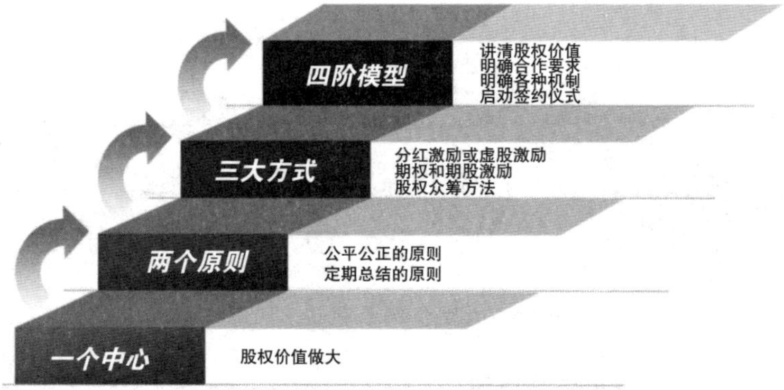

图4-6 “一二三四”产业链科学分股法

（1）“一”指的是产业链科学分股的一个中心：把双方合作的股权价值做大，只有这样合作才有意义。

（2）“二”指的是产业链科学分股的两个原则：一是公平公正的原则；二是定期总结的原则。双方成为合伙人，股权和利益等的分配一定要对双方都是公平的，而且要根据各自的贡献与价值定期进行总结，调整股权结构。

（3）“三”指的是产业链科学分股的三大方式：一是分红激励或虚股激励；二是对产业链合伙人的期权和期股激励；三是独特的、针对产业链的股权众筹方法。这三大分股方式，可以根据需要进行单独或组合使用。

（4）“四”指的是产业链科学分股的四阶模型：一是讲清股权价值，要求按四个步骤进行，分别是商业模式、战略规划、股权筹划和股价测算；二是明确合作要求，包括市场策略、业务布局、合作办法和业绩要求等；三是明确各种机制包括进入机制、行权机制、退出机制、支付机制、购买股权机制，以及未来的合同等机制系统；四是启动签约仪式，主要包括对产业链合伙人进行统一的培训、宣传和造势等。

通过以上“一二三四”产业链科学分股法，企业对上下游产业链进行了股权绑定，可以构成利益共同体。当然在具体的产业链合伙人制设计中，还要注意以下细节。

（1）考量上下游企业的实力：不要随便一个上下游企业就能加入，要看它是否有完善的治理结构和股权结构，是否有一定规模、稳定的团队，是否有较高的品牌知名度和市场占有率。

（2）入股要确保是正常的商业行为，不要出现粉饰业绩、业务依赖、关联交易不够公允或拿股权换订单等导致证监会无法判断的情形。

（3）出让股权比例的问题：对上下游产业链进行股权激励的股权出让份额应控制在5%以内，最好不要超过10%，以免影响企业的治理结构，甚至影响企业经营决策权的独立性，如果这样就会在资本运作中存在瑕疵。

（4）如何解决股东人数超额的问题？建议通过有限合伙企业间接持股来解决，或者一起成立一家新公司来持股。

想要推行产业链合伙人制，就要设计好各商家的盈利模式与逻辑，对渠道合伙事业涉及的每一个环节实施有效的动态管理。

首先要对合伙事业梦想与逻辑进行描述，从而使合伙事业具有极强的召唤力；其次要选拔合适的供应商或销售商成为自己的合伙人，确保他们具备所要求的能力和素质；再次要设计出合伙人股权激励模式与规则，保证合伙人能够从合伙事业中获取金钱、价值和机会，要设计出系统有效的动态管理机制，从而既激励合伙人又鞭策合伙人，使合伙事业的运行始终不偏离正确的轨道；最后要设计出一套有效的合伙人文化体系，让合伙事业快速、健康、持续成长。

下面来看一下某医药用品厂采用产业链合伙人制，最终产生了哪些价值？列表如下（见表 4-3）。

表 4-3　产业链合伙人制所产生的复合价值（某医药用品厂）

价值来源	定义	公司承诺
经销利润	销售公司产品的直接获利空间不低于行业平均水平	向所有渠道合伙人公开成本与定价
股份分红	股份投资年化收益率 20%左右	每年按渠道合伙人实际进货金额的5%确保合伙人的分红
销售支援	指派专职销售经理，协助渠道合伙人的员工按照科学规范实施客户开发管理和服务，从而提高渠道合伙人的运营效率和质量，并降低成本	每 800 万元的市场规模指派一名销售经理
资金支持	通过垫资铺货、授予账期、担保贷款等方式，帮助支付信用良好的渠道合伙人解决在追求规模化发展的过程中面临的资金不足问题	按相关规则进行
资源整合	通过产品结构规划和大规模定制，扩大渠道合伙人的销售/盈利机会	三年内，在销品品类增加一倍，并争取采购/制造成本降低 12%以上

续表

价值来源	定义	公司承诺
资本市场收益	公司进入一、二级资本市场的渠道合伙人收益	公司在一级市场融资过程中，渠道合伙人可将溢价变现；公司进入二级资本市场以后，可获得 15 倍以上的盈利率

这家医药用品厂通过产业链合伙人制，最终在经销利润、股份分红、销售支援、资金支持、资源整合、资本市场收益上，都取得了可喜的成绩，看来产业链合伙人制的魅力还是不小的。

做小结

对于合伙模式的设计，一定要根据自己企业所处行业的特征，设计符合其发展阶段的合伙人制。力争把公司同事、客户、厂家与经销商、各个城市有资源的老板、产业链上的伙伴，都发展成为各种形式的合伙人。与这些人合伙的模式有很多，比如事业合伙人制、客户合伙制、厂家与经销商合伙制、城市合伙人制、产业链合伙人制，每种合伙模式其实都是资源、资金与利益分配的共同体。合伙人之间从利益共同体变成事业共同体，甚至是命运共同体，最终带领公司快速走向资本市场。

第五章

兵势篇：股权尽调

故善战者，求之于势，不责于人，故能择人而任势。任势者，其战人也，如转木石。木石之性，安则静，危则动，方则止，圆则行。故善战人之势，如转圆石于千仞之山者，势也。

——《孙子兵法·兵势篇》

第一节　投资机构尽职调查的渠道和工具有哪些

小案例

汕头大学工业设计专业毕业的小曹启动了一个工业设计 Web3.0 的项目，投资人比较感兴趣。由于项目刚起步，没多少值得投资人去尽调（尽职调查的简称）的资料，于是投资人就跟小曹之前公司的老板和同事做了一些交流，没想到小曹之前经常借公司或同事的钱，而且好几次都没有按时偿还，投资人对小曹的人品产生了怀疑。某一个星期天，投资人去小曹公司访谈，一打开公司玻璃门，就看见公司的门头下面地板上放着好几封 EMS 快递，投资人随便拿起一张一看，原来是法院寄来的，此时小曹不得不承认，没有支付之前一些供应商的货款，结果被他们告到了法院。投资人发现他的人品确实存在问题，于是就放弃了投资。

全拆解

上面的案例是从一些细节反映创业者的人品存在问题，这也是投资人进行尽调的一个方法。

投资人通过哪些渠道做尽调

有好几个企业家朋友问，我的公司要做股权融资，那些投资人会不会调查我的房、我的车、我的负债和股票投资啊？投资人一般通过哪些渠道来做尽职调查？作为想走上资本之道的企业家，我如何运筹好尽职调查的兵法？

投资公司基层的投资经理，想要分析提炼出过会的分析报告，包括行业分析报告和企业分析报告两部分，他们一般是通过以下渠道去做尽调的。

（1）在 Wind 等软件上能够查找到很多券商研究所对某行业的具体分析，在各搜索引擎、知乎等网站上也能够发现与拟投公司相似的上市公司的研究报告，不过这些只能作为参考，不能作为完全可信的依据。

（2）如果投资经理完全相信研究所或某些专家写出来的报告，而影响自己对行业和被尽调企业的判断，那就得不偿失了。

（3）投资经理不但要迅速收集相关材料，从海量的材料里筛选出能够作为科学依据的部分，还要对企业进行实地考察，在访谈高管、业内专家后，最终形成有见地的分析报告，加工成投资公司过会的材料，这就要求投资经理要不断地去伪存真、去粗取精。

投资经理想查一家公司或者对老板进行尽调，除了天眼查、企查查、启信宝，还有很多专业数据库可供他们去查询，通过这些数据库可查询到企业主体、涉诉、财产、投融资等信息。下面十四种是他们常用的查询渠道。

（1）国家市场监督管理总局“全国企业信用信息公示系统”。

（2）全国组织机构代码管理中心。

（3）最高人民法院“中国裁判文书网”。

（4）各省级高院网站。

（5）最高人民法院“全国法院被执行人信息查询”平台。

（6）最高人民法院“全国法院失信被执行人名单信息公布与查询”平台。

（7）中国法院网“公告查询”。

（8）人民法院诉讼资产网。

（9）淘宝司法拍卖、北大法宝、威科、律商、无讼、OpenLaw。

（10）自然资源部“中国土地市场网”。

（11）国家知识产权局“专利检索与查询”平台。

（12）国家市场监督管理总局商标局“中国商标网”。

（13）中国人民银行征信中心。

（14）中国货币网、和讯网、部分地方股权交易中心或产权交易中心网站。

当然，有些网站是需要付费的，一般投资公司都有 VIP 商用的账号，可以获得更有价值的信息资料。

投资人在尽调时，一般会搜索很多网络数据，有的尚未加工，有的发表在学术期刊上，有的是最新研究发现。具体分类总结如下。

（1）社会类：国家统计局官网人口、生产、教育宏观数据。

（2）经济类：彭博、FactSet 实时金融市场数据；世界银行官网的采集数据；新华社全球经济指数。

（3）企业类：EDGAR、巨潮资讯、百度指数、微信指数等行业画像、细分数据。

（4）互联网：CNNIC 披露的中国网络使用数据、NetMarketShare 主流软件份额数据。

（5）商业类：阿里指数查询、站长工具。

（6）前沿类：国内外各大图书馆，知名学府的电子藏书、信息库等。

（7）版权类：公有领域版权知识共享官方 FAQ 页。

还有一些信息纯度大于 60%的文章，报告等，比如：《经济学人》和市场部网上发表的最新学术文章；艾瑞网、Z 世代等第三方行业提供的调研报告；探索本质的图书和文章；各行业大咖发布的深度思考文章、视频等。

投资人做尽调的工具有哪些

投资人在做尽调时，除了一些有用的渠道，还常常通过一些专业的表单工具进行分析。清科、投中等排名靠前的投资公司主要将两张表格作为尽调的工具，一张是项目尽调的初步筛选标准表，另一张是尽调对象及主要内容表。

项目尽调的初步筛选也就是在跟项目创始人初步洽谈后，按照投资规模、行业、发展阶段、产品、管理团队和投资区域等几个标准，对拟尽调的项目进行初步筛选，以免浪费时间。一般只有初步筛选通过的项目，投资人才会进行后续的正式专业尽调，所以作为创业者的你，可以先通过下面的这张表格来自我对照一下，你的项目在哪些方面是可行的，哪些方面是需要进行改进的。项目尽调的初步筛选标准如下（见表5-1）。

表5-1　项目尽调的初步筛选标准

标　准	内　　容
投资规模	投资项目的数量； 最小和最大投资额
行业	是否属于基金募集说明书中载明的投资领域； 私募股权基金对该领域是否熟悉； 私募股权基金是否有该行业的专业人才
发展阶段	是种子期、创业期、扩张期，还是成熟期
产品	是否具有良好的创新性、扩展性、可靠性、维护性； 是否拥有核心技术或核心竞争力； 是否具备成为行业中的领先者/行业规范塑造者的潜力
管理团队	团队人员的构成是否合理； 是否对行业具有敏锐的洞察力； 是否掌握了市场前景并懂得如何开拓市场； 是否能将技术设想变为现实
投资区域	是否位于私募股权基金公司附近城市； 是否位于主要大都市

投资人通过初步筛选后，将对拟投资企业做正式的尽调，主要是到企业实地考察，会见管理团队，并且主要对企业的业务伙伴和上一轮投资人、潜在的客户和供应商、技术和行业专家，还有中介服务机构、竞争对手和相关行业企业的管理者，进行深入访谈和尽调。当然每一次尽调的内容肯定是不一样的，

下面的表格列出了一般正式尽调的具体对象和尽调的主要内容（见表 5–2）。作为创业者，可以跟合作伙伴、行业专家建立良好的关系，针对尽调的内容提前做好预演准备，做到胸有成竹，这样一来投资人到公司做尽调时，就能给他们留下良好的印象。

表 5–2　尽调对象及主要内容

尽调对象	主要内容
企业实体	核实商业计划书的真实性； 核实净资产、设备，审核史料和以往财务报表； 考察组织架构和人事档案
管理团队	观察管理团队人员素质； 了解他们的经验和专长； 管理层成员经验和个性是否相互匹配
业务伙伴和前投资者	对项目企业管理者的评价； 建立合作/投资和终止合作/投资的原因
潜在客户和供应商	市场空间及市场占有率； 市场销路； 市场潜力的大小和增长速度； 原材料价格、质量和供应渠道情况
技术专家、行业专家	产品性能、技术水准； 是否有替代技术或产品； 行业和技术的发展趋势； 验证技术的先进性、可行性、可靠性
银行、会计师事务所、律师事务所、证券公司	企业过去的融资、偿债和资信状况； 财务报表的准确性； 专利、诉讼案件

续表

尽调对象	主要内容
同类公司	项目企业未来的价值和盈利前景； 投入资金所占股份比例
竞争对手	对项目企业市场竞争力和占有率的评价； 对管理人员素质的评价
相关行业企业的管理层	对项目的评估

做小结

股权投资最大的风险其实是创始人的道德风险，投资人即使采用多种多样的尽调手段调查过投资企业，但如果创始人是不讲诚信的人、人品有问题，那么这个项目大概率会失败，投资能收回成本的机会就很渺茫了。作为创业者，我们要了解投资人做尽调的多种渠道和工具，提前做好准备，以期在尽调中获得良好的得分。

第二节　投资人尽调的重点内容

小案例

深圳前海有一家投资公司想投储能项目，他们发现做相关项目的一家高科技公司正处于成长期，但是对它在技术稳定性方面心存疑虑，于是通过多方求证、反复论证，发现该公司的技术在国内是处于领先地位的，虽然有些知识产权证书还没有拿到，但是已经在申请过程中，而且大概率会审批下来。于是他们抢先投资了这家公司，结果获得了很好的投资回报。

全拆解

上面案例中的投资公司是我的一位朋友投资的，由于他们把高科技公司的知识产权部分作为尽调重点，所以最终在后轮退出时获得了可观的回报，是一个成功的投资案例。事实上，处于不同阶段的项目，它们的尽调重点是不一样的。

项目不同阶段尽调的重点有哪些

企业在不同发展阶段，它的主要特征是不同的，比如项目早期团队还不完整，商业模式也不完善，财务状况肯定也不理想，投资公司尽调的重点肯定是以人为本，强调创始人的格局、能力与愿景，他是如何建设团队的，如果项目具有一定的技术含量，就要看他在知识产权领域是否取得了一定成绩。

企业发展到成熟阶段，产品已经获得了市场的认可，公司盈利水平也得到了提升，此时股权结构、激励计划等关系复杂，尽调就要做得相对全面，比如对劳务关系、竞业禁止、保密协议、销售合同签署、知识产权保护、对外担保等，都要详细尽调，以免出现瑕疵。

如果是高科技类的产业，那么知识产权是核心，假如尽调时发现知识产权归属不清晰，这就很容易造成企业核心竞争力缺失。因此，通过一些专家、机构对其知识产权价值进行评估是尽调的重点，一旦确认其知识产权处于领先地位，那么这家公司的投资价值还是相当突出的。

除企业发展的不同阶段尽调的侧重点不同之外，企业的性质不同，也意味着尽调的重点是不一样的。

比如股份制企业，产权结构清晰，那么尽调的重点可以放在公司的治理结构或者技术层面。如果企业是后来改成股份制的，那么改制的规范性和相关主体的利益是否已经妥善解决，是需要详细尽调的。

民营企业尽调的重点需要放在内部制度的规范性和公司结构上，还有公司和自然人之间的借贷等方面。

如果是拟上市企业，那么合规性就是尽调的重点了，董监高的稳定性、财税工作的规范性、各项主体的独立性都是尽调时要费心的。我国资本市场全面注册制的到来，对于企业的尽调也提出了更新的标准和更高的要求。

尽调的“三务”重点有哪些

投资人在做尽调时，主要从财务、法务、业务（简称“三务”）三个方面进行，具体在这“三务”中，也有不同的侧重点。作为创业者，可以有针对性地了解投资人关注的重点有哪些。

（1）财务尽职调查关注真实性核查、经营数据验证以及盈利预测可行性分析，包括公司的经营业绩、现金流、盈利预测、资本性开支、财务风险敏感度等。在财务尽调这个环节，重点是调查公司的财务组织、会计核算报告、财务数据、税费，以及有无偷税等违法行为。

投资人一般要了解公司的财务基本情况和会计报表，包括损益表、购销合同、发票、入库出库单据、资产负债表、现金流量表。其中的重点是调查毛利率、增长率、资产周转率、资产负债率、流动比率、应收账款周转率、所有者权利报酬率、经营活动净现金流。

（2）法务尽职调查的重点是“三资”（资格、资质、资产）调查、法律文件核查以及重大法律风险点核查，包括公司的历史沿革问题、股东及高管情况、债务及对外担保、重大合同、诉讼及仲裁、税收及政府优惠政策等。

在法务尽调环节，投资人会重点关注公司主体、董事会和股东大会决议、公司资产、知识产权、关键合同与合同承诺、公司的员工安置、公司的债权债务情况、重大诉讼或仲裁等。公司如果有财务瑕疵，投资人可以兜底，但劳务用工等法律风险，投资人不一定愿意承担，这一点要特别重视。对于法务尽调，一般情况下创业者可以通过律师的协助来进行。

（3）业务尽职调查覆盖国家政策、行业市场、商业模式、竞争格局、核心团队、产品技术、市场渠道、上游供应链、下游客户结构等。业务尽调的重点内容主要包括商业模式、产品供应情况、销售增长状况、研发投入与能力等。商业模式的尽调是看“护城河”，从技术专利、网络效应、规模经济和品牌这四个方面来看“护城河”是否足够宽。市场与客户层面的尽调是要对行业和市场进行研究，对客户需求进行研究。

创业者只有把投资人关注的“三务”重点把握好，才能在尽调这个环节得到高分。

做小结

创业者要知道投资人尽调的重点中有“三务”，也就是业务、财务和法务。业务一定是真实可信的，融资主体是独立的，产品或服务要有刚需，是具有增长潜力的。而财务和法务肯定不能有硬伤，比如偷税、股权设计不合理等瑕疵，否则是得不到融资的。创业者要给予足够的重视。

第六章

虚实篇：股权激励

夫兵形象水，水之形，避高而趋下，兵之形，避实而击虚。水因地而制流，兵因敌而制胜。故兵无常势，水无常形，能因敌变化而取胜者，谓之神。故五行无常胜，四时无常位，日有短长，月有死生。

——《孙子兵法·虚实篇》

第一节 如何设计和调整不同岗位的激励措施

小案例

做智能安全用电项目的赵总当时招了一位负责渠道销售的小伍，小伍在公司的业绩确实做得很好，赵总为了激励他，决定分给他10%的股权，于是很快就到市场监督管理部门办理了股权变更手续。因为赵总认为小伍前途无量，这10%的股权算是对他的奖励，希望他成为公司的小股东后，能真正把公司当成自己的家。刚开始还好，后面小伍的心态发生了变化，由于长期跟渠道商打交道，很多公司向小伍抛出了诱人的橄榄枝，有的给出的薪酬和奖金是赵总公司给出的两倍，于是小伍提出了辞职，同时不退还这10%的股权，继续享受公司的分红。这下赵总傻眼了，因为他之前根本没想到小伍会这么快离开公司，而且小伍离开了公司，居然还能享受自己辛苦打拼来的业绩分红，这让赵总无法释怀，问我们该怎么办。

全拆解

事实上，类似赵总这样的教训不只是一两位老板碰到过，我们在股权咨询过程中，有太多这样的案例。原因是很多老板急于向被激励对象证明他本人的诚意，把激励的股权当成了奖励，马上就到市场监督管理部门变更成了实股，且没有约定达到兑现股权的具体前提。对此我们建议动态设置股权兑现的条件，比如分三年或四年兑现，每年达到业绩指标可成熟一定比例的股权，不到规定条件就离开公司，只能成熟其中的一部分。

激励对象岗位变化时如何快速调整

企业进行股权激励，当激励对象发生了岗位变化时（见图 6-1），股份也要进行动态调整。激励对象的岗位具体有以下三个方面的变化。

图 6-1 激励对象的岗位变化

1. **晋升**

在激励周期内，如果激励对象晋升则参照新岗位的饱和配股要求，进行增授股份，其股份来源于公司预留股份或当年增发的股份。

2. **降职**

降职者应参照新岗位的饱和配股标准和要求，回购超标部分的股份。若激励对象被调任至非股权激励岗位，则授予的股份须按照股权激励方案规定被全部回购，取消股权激励资格。

3. **调动**

调至其他岗位时，则要根据股权激励方案的规定进行调整。例如从原先的持股主体变为另外的持股主体，可以根据新主体的股权激励方案和岗位配股标准，进行股权的增授或减少，以体现股权激励方案的连贯性、关联性和统一性。

除以上三个方面的变化外，如果激励对象离职了，那如何处理他的分红权呢？

激励对象离职，还能享受分红吗

有企业老板问我们编委会的成员专家，说他们公司有个股权激励对象离职了，还能享受股权分红吗？因个人原因解除劳动合同，或因个人严重违反规章制度而与其解除合同关系时，公司有权强制收回股权，并要求当事人返还分红，甚至支付违约金。法院通常会认为公司在这种情况下强制收回股权是为了限制股权激励对象获得股权收益，并不违反公平原则，是合法且有效的行为，具体要点如下。

（1）如果公司制定了关于激励对象离职等情况下的股权收回条款，就依据约定执行；如果无相关约定的，则不能进行收回。

（2）激励对象如果认为公司收回个人股权的行为不合法，应当就此进行举证。

（3）如果激励对象是以出资的形式获得的股权，若没有特殊约定，公司在收回股权时，应支付公允的回购价格；对于未出资获得的股权，公司可以根据约定进行无偿收回，法院会予以支持（有一种特殊情况是，虽然未出资，但以技术或资源等出资，获得了公司的认可，达到股权成熟的标准后在市场监督管理部门进行了股权变更时，不能视为未出资，只是出资的形式不是现金，这种情况下不能无偿收回，是要计算股权价值的）。

（4）如果回购激励对象的股权由第三方进行，则应确保此回购行为不会导致公司注册资本降低，且不会损害公司债权人利益。转让后的股权如果发生价格变动，则其风险由接受转让者自行承担。

（5）如果公司股权激励方案没有约定员工离职后是否仍享有分红权，法院从公平合理的角度考量，通常会认为离职员工不应再享有分红权。

得到股权激励的高管，不到一年就离职怎么办

很多老板以为给了企业高管股权激励，他就会好好跟着自己干，但是有的高管却只干了不到一年就离职了，而且拒不退股。这可怎么办？

我们在做股权咨询的过程中，建议方案是这样的：公司每年在年终进行业绩考核，对考核中认可的核心员工授予虚拟股权。激励对象可以按照获得的虚拟股权数量，享有分红权利，一旦获取虚拟股权达到一定数量后，经公司考核合格，再加上续签劳动合同三年，即可获得购买实际股权的资格。激励对象在获得该资格后，就能以合理价格出资购买股权，并获得股东资格，公司也要配合其到市场监督管理部门办理股权变更手续。

以上这种股权激励方案，还可以加以改进，即可以将“虚拟股转实股”的激励组合模式改为“虚拟股转期权”的模式。当虚拟股达到一定数量并通过考核后，可以授予激励对象一定数量的期权。

采取这种分期行权的方式，可以每年行权三分之一，即允许激励对象在三年后以授予价格出资购买。虽然激励对象同样获得的是实股，但能保证其三年的努力工作时间，保证其需求方向始终与手中的激励价值相对应。

如果激励高管在该方案模式下工作一年就离职，也只能获得三分之一的期权行权权利，无法一次性获得所有的股权。

做小结

正如《孙子兵法》中所说，“利而诱之，乱而取之，实而备之，强而避之，怒而挠之，卑而骄之，佚而劳之，亲而离之”，创业是一个高风险的过程，所以我们在具体实施股权激励政策时，一定要针对激励对象晋升、降职、调动等变化，快速调整股权激励的措施。对于激励对象离职时的股权以及分红权的处理，一定要明确成熟的前提条件。需要考虑股权回购的情况，要对股权回购的途径明确规划，做到未雨绸缪。

第二节 如何实施股权激励

小案例

2024年年初，我们给一家做新能源汽车核心芯片项目的公司做股权激励全程服务，这家公司的老板之前在硅谷工作过，对于股权激励有一定的认知，而且相信专业咨询公司的能力。我们对这家公司进行了系统的尽调、高管访谈，有针对性地设计了方案，也提供了实施方法、意见书，还多次召开协调会、启动会，随时做好会议记录，不断优化和调整方案，最终股权激励方案达到了上市公司的标准，下一步便是正式施行了。

全拆解

股权激励从来不是一下子就能起效的，而是要针对不同的阶段和对象，充分跟员工进行沟通，把激励的目的弄清楚。对于激励总量、资金来源、行权和退出等重要环节，一定要科学设计，达到规范、合理、有效。

初创公司如何设计期权激励

一些刚起步的初创公司，资本投入较少，但资本增值较快，在资本增值过程中人力资本增值明显的公司可采用期权激励，可从以下四个方面来设计期权激励方案。

（1）定时间。公司在创业起步阶段就可以启动期权激励。期权股的禁售时间一般不短于2年，最长不超过10年。

（2）公司在起步阶段激励范围应限于核心合伙人和高管团队；在上升阶段可将管理团队和骨干员工纳入激励范围；在成熟阶段，可将全员期权激励作为选择方向。

（3）期权池的比例一般设定在15%，不低于10%，不高于25%，太高不利于后续的股权融资，创始人可能会失去控制权，投资人也会有意见。

（4）期权股尽量不要免费发放，这样员工会认为期权股不值钱，得来得太容易，也会不够重视。员工必须掏钱购买期权股，哪怕是象征性地掏一些钱。初创公司的一些创始人最常见的误区就是觉得自己公司的股权不值钱，所以随便就免费送出去了，后面随着公司的不断发展，股权越来越值钱，想收回便是很难的事了。

股权激励前要跟员工做哪些沟通

不少老板听了股权激励课后，就一厢情愿地开始推行股权激励方案，完全没有提前跟激励对象沟通，也不清楚他们心中有哪些疑问，事实上员工对股权激励是有很多猜疑的，做股权激励前要跟他们进行以下几个方面的对话工作。

1. **他们关不关心企业的未来**

如果员工对企业未来充满信心，就会愿意成为股东。如果他们觉得企业的前途跟自己毫不相关，那么他们会对企业的股权激励毫无兴趣。

2. **他们能不能指出企业存在的问题**

企业总有些需要改进的地方，如果他们对企业漠不关心，不能指出企业存在的问题，那么他们是不会愿意接受股权激励的，因为他们觉得企业只是老板的，跟自己的利益没有丝毫关系。

3. **他们是否愿意入股**

如果他们不愿意入股，那么谈股权价格就没有意义。我们在做具体股权咨询的过程中，经常看到即使有的老板免费送股权给员工，有的员工也不领情，认为还不如直接送现金给他们。

4. **他们对企业的估值**

员工对企业每年业务收入的估值与实际值相差不多，但对利润的估值往往偏高。因为员工只知道企业业务形势不错，但不知道具体有哪些成本，所以认为生意好利润肯定就很高。如果员工对企业估值较高，则说明员工对企业的未来发展更加乐观。

5. **他们愿意买多少股**

如果他们愿意支付入股资金，则说明他们对企业看好，是具有冒险精神的员工，创新的可能性更高。所以可以通过员工股权激励的计划，为企业挖掘有创造力的员工。提前跟员工沟通好关于股权激励的一些思想并达成初步一致后，就可以按照下面的标准为员工预留股权进行激励了。

举个例子，假设创业板上市公司利润 3000 万元，PE（市盈率）为 50，上市后市值 25 亿元左右，员工预留激励股为 10%，即 2.5 亿元。

CXO（首席执行官等）级别的人才在 IPO 阶段的持股比例为 0.3%～1%，一家上市企业 CXO 级别的人才通常有 5～8 人，合计占到 5%的股权。25 亿元市值下，每个人手上的对应股权价值为 750 万～2500 万元，这个金额对高管来说还是相当可观的。

风险投资人的人均持股为 0.2%～0.6%，十几位投资者加起来会持有 3～4 个百分点的股份。按市值，人均可分到的股权价值为 500 万～1000 万元，这个回报也还是不错的。

普通员工，如推行全员持股，分摊余下的 1%～2%的股份，人均持股比例也就在 0.02%～0.2%之间，相应股权价值为 50 万～500 万元不等，这对于普通员工的激励作用还是很大的。

股权激励总量定多少较合适

我们在做股权咨询工作时，常有创业者问我们：“我要拿出多少股来做股权激励?”非上市公司股权激励数量不要超过公司股权总量的20%，如果公司是几亿元、几十亿元或上百亿元规模，那么只拿出10%的股份来做激励也是相当可观的。如果公司资产只有几百万元的话，那么拿出10%的股份对高管和员工实施股权激励，效果是比较差的。

一家公司如果年净利润率为20%，就是一个比较健康的公司了。如果把这20%的利润都给了员工，那么对于股东来说就基本没有什么利润可分了。

此外，一般来说，激励给某个股东的股权数量要限制在10%以下，为什么呢?因为有10%以上表决权的股东可提议召开临时股东会。

有时候大股东处理一些事情时，不愿意召开股东会，如果激励股权总量超过了10%，就等于赋予了激励对象提议召开临时股东会的权利。

表决权10%以上的股东还可以请求人民法院解散公司。如果股东们一旦出现争议、纠纷，持有10%以上股权的股东就有可能会向法院提起诉讼，要求解散公司。

所以在实施股权激励时，一定要注意股权激励实施之后创始股东丧失公司控制权的情形。

如何确定激励股权的数量?具体确定方法有以下两种。

1. 基于系统的薪酬调研，决定授予某一激励对象的股权数量

举个例子，某公司当前正处于高速发展时期，为了留住并激励人力资源总监，公司决定对其进行股权激励。通过对市场和同行业调查发现，该职位一般获得的股权数量介于50万～80万股之间。鉴于公司急需这样的高管来完善公司治理结构，公司决定授予其80万股，以促使他尽心竭力地工作。

2. 基于激励对象的年薪，决定授予某一激励对象的股权数量

激励对象所获激励股权的数量限定在其年薪的30%是比较合理的，这样既有激励性，也能促使他更加努力地获得更好的年度业绩。

一般来说，良好的股权激励方案会产生良好的效果，但也会有退出的情形出现，那么如何规划股权激励的退出机制?

如何规划股权激励的退出机制

设计股权激励的退出机制时，要综合考虑企业的阶段性发展计划和预期的核心员工约束期，确定退出前的锁定期和限制期，明确股权激励的退出价格与程序，鼓励员工参与股权激励，真正激励员工，避免对员工开具“空头支票”。

（1）退出价格的设定要考虑以下因素：退出时的回报率、退出时每股净资产价值和市场上的股票价格。不同的退出情况和不同的退出时间点，退出价格也不同。可以先确定以下五个问题。

①退出方式是股权转让还是回购？

②股权转让后谁将成为新的受让人？

③股权转让协议的签订期限，以及激励对象不配合的情况下丧失股东资格的时间是多久？

④股权转移的支付安排是怎样的？

⑤激励对象持股期间的股利安排是怎样的？

（2）要学会巧用有限合伙持股平台，可以降低激励对象的违约风险。在合伙协议中可以明确规定有限合伙人 LP（激励对象）离职退股的情况，并赋予企业开除不守承诺的激励对象的权利。

（3）如果触发股权激励的退出条件，企业要尽快收回员工的股权，以免在后续引进新的股东或后轮融资时出现麻烦。回收员工股权肯定是要给予其一定补偿的，作为决策人要当机立断，不能优柔寡断，尽快处理好退股的相关事宜。

（4）公司章程可以对股权转让等退出机制进行个性化设置，比如约定股东必须在 5 年之后才能退出公司，如果某个股东提前退出了公司，公司可以以 0 元回收他的股权。

做小结

初创公司股权激励的时间一般设定为2～10年，对象也是根据不同阶段来确定，比如刚开始时一般是核心高管；期权池的比例一般为10%～25%；在做股权激励前一定要多方面跟激励对象进行沟通；确定激励股权的数量时，可参考薪酬调研报告和年薪标准。

第七章

军争篇：股权控制

孙子曰：凡用兵之法，将受命于君，合军聚众，交和而舍，莫难于军争。军争之难者，以迂为直，以患为利。故迂其途，而诱之以利，后人发，先人至，此知迂直之计者也。

——《孙子兵法·军争篇》

第一节　如何预防控制权丧失的风险

小案例

在福州做国潮运动品牌的郭总是从知名公司出来的，他找了几个志同道合的朋友一起创业，大家都看好国潮运动品牌的发展前景，所以基本上都是出钱又出力，共同为创办这个新品牌而努力，而且在公司经营决策上总是有商有量，谁都不独断专行，甚至约定所有决策一定要经全体股东一致同意才行，郭总觉得公司就是大家的，大家一起来决策总没有错。但是后面公司发生的事情却不是他想象的那样，有时候品牌运营部门对于广告投入的预算比较大，但负责财务的合伙人觉得钱要省着花，最后谁也说服不了谁，甚至有的股东连1%的股权都不到，是当时郭总从外面请回来的顾问股东，他表达反对意见时，这个决策就无法实施了。在竞争激烈的运动品牌争夺中，公司因为无法形成统一的行动，错失了很多发展的良机。

全拆解

上述案例中的郭总有一个误解，以为只要股东平等，决策由大家一起商量着来，就能显示公平、公正了。其实这样做，反而容易导致创始人失去公司控制权，尤其是初创公司，一定要有一个能说话算话的带头大哥，特别是不能让小股东“绑架”了大股东，否则公司将无法顺利发展。另外，有些公司还存在内部人控制的现象。

内部人控制有哪些风险

内部人控制是在企业中的所有权与经营权（控制权）相分离的前提下形成的，是所有者与经营者利益的不一致导致的经营者控制公司的现象。

大量的内部人控制是大股东代表作为董事长，既控制董事会，又掌管企业的日常大小事务，大股东代表的亲属，比如其妻子、儿女、兄弟姐妹等，掌握关键业务、关键岗位。

内部人控制带来的主要问题包括：企业资产流失、资产转移；过度投资、耗用资产；工资、奖金等增长过快，侵占利润；会计信息失真、信息披露不规范等。

内部人控制现象还会带来更多的风险，例如关键岗位都是大股东的人，导致难以引入与留下优秀人才，部分岗位出现断层问题。

中国家族企业一般容易产生内部人控制现象，尤其是夫妻一路创业过来的企业，都有这种情况。企业如果要做大做强，走向资本市场，拥抱全面注册制时代，那么对内部控制人现象的审查就要相当严格，所以建议企业家要敞开心扉，广纳优才，建设更美好的企业王国。

如何预防小股东“绑架”大股东

现在合伙创业的越来越多，很多企业是由多名合伙股东一起组成的，有的企业有很多小股东，他们或出钱，或出力，或出资源，作为创始人，要预防一些小股东“绑架”大股东。

在股东会决议事项中，在“须经全体股东一致同意”的表决权设计下，哪怕 99.99%的股东同意，但只要持股 0.01%的股东投反对票，也无法形成有效决议，公司可能由此陷入决策僵局甚至面临解散的局面。

这种看似公平的设计，其实隐藏着极大的控制权风险。

所以在公司控制权的设计中，为了预防小股东“绑架”大股东，创业者要谨慎约定“须经全体股东一致同意”这一条款。

在设计公司章程时，股东可以在《中华人民共和国公司法》规定的最低表决权比例的基础上予以提高，例如提高至75%或80%。但不建议约定“须经全体股东一致同意”这一条款，以防止决策机制僵化，最终导致公司无法形成有效决议。在前述案例中，就是因为郭总他们约定了要所有股东一致同意才做最终决策，导致许多决策无法达成一致意见，最终致使公司发展失利。有了这一条款，除公司股东外，企业的外部投资人也可能影响被投资企业的一些重大决策。

投资人如何影响被投资企业的控制权

投资人拥有被投资企业表决权股份的比例低于20%的，一般认为对被投资企业不具有重大影响。

被投资企业通常可以通过以下一种或几种情形来判断投资人是否对自身具有重大影响：

（1）在被投资企业的董事会或类似权力机构中派有代表。

（2）参与被投资企业的政策制定过程，包括股利分配政策等的制定。

（3）与被投资企业之间发生重要交易。

（4）向被投资企业派出管理人员。

（5）向被投资企业提供关键技术资料。

投资人直接或通过子公司间接拥有被投资企业20%～50%的表决权股份时，一般认为其对被投资企业具有重大影响，除非有明确的证据证明其在该种情况下不能参与被投资企业的生产经营决策，不构成重大影响。

确定能否对被投资企业施加重大影响时，除了要考虑投资人直接或间接持有被投资企业的表决权股份，还要考虑投资人及其他人持有的当期可执行潜在表决权在假定转换为对被投资企业的股权后产生的影响，如被投资企业发行的当期可转换的认股权证、股份期权及可转换公司债券等因素的影响。

需要注意的是：

（1）考虑潜在表决权时，只能考虑当期可转换或可执行的潜在表决权，对于以后期间才可转换或可执行的潜在表决权不应当考虑。

（2）虽然在判断重大影响时，需要考虑当期可转换或可执行潜在表决权的影响，但是在采用权益法对享有被投资企业所有者权益份额进行计算确认时，则不应当考虑潜在表决权或包含潜在表决权的其他衍生工具的影响，除非此类潜在表决权在当前即可获得与被投资企业所有者权益相关的回报。

做小结

如果是初创企业，那么一定要有一个带头大哥，千万不能搞平均主义，否则看上去是讲哥们义气，实则是不懂人性，将来企业经营一定会陷入僵局。如果发展到家族企业规模，所有权要与经营权分离，防范内部人控制的风险，要聘请外部有经验的职业经理人参与到企业管理中来，建立股权分配的机制。在公司决策中，要防范小股东“绑架”大股东的风险，谨慎设置“须经全体股东一致同意”的章程或协议条款，因为这样会限制公司实际控制人对公司的决策管理，降低决策的效率。

第二节　创始人如何掌握控制权

小案例

在珠海做AI垃圾分类项目的阮总自公司创立时就跟我们联系，希望我们帮他的公司做股权顶层设计，因为他公司的业务模式是跟政府城管部门和小区物业管理公司合作，有一定的加盟合伙人特点，他的公司设备要进入很多居民小区，跟物业管理公司合作时有投入回收的分利机制，每开放一个合作的份额，他本人的股权就会被稀释，所以把控制权掌握在自己手上，是他想设计股权架构的目的。后面通过尽调与访谈，我们为阮总的公司设计了这样的股权架构：阮总成立普通合伙人（GP）公司，而公司高管和外部合作资源成为LP，共同搭建有限合伙企业，最后投资成立主体运营公司，走向资本市场。这样阮总就以极低的资金撬动了很多项目，GP公司也有效起到了防火墙的作用，有限合伙企业可以容纳50个股东，这样拓展业务时就没有了顾虑。

全拆解

阮总公司的股权架构还对投票权、一票否决权、董事会提名权等做了很好的设计，阮总表示很满意，觉得这样做之后，他对公司的发展就有了信心，公司也能够放心大胆地走向资本市场了。

创始人可通过哪些途径掌握控制权

创始人想要把企业的控制权牢牢掌握在自己手上，可以通过以下四种方式维持自己的支配地位和影响力：归集其他小股东股权上的表决权，增强创始人所持股权的表决权，增强创始人的否决权，增强对董事会的控制力和影响力（见图 7-1）。

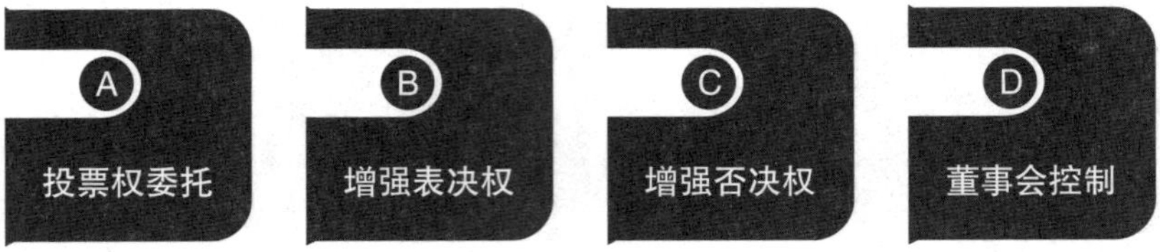

图 7-1 创始人掌握控制权的方法

（1）投票权委托。创始人可以获得其他小股东的投票权，由创始人代表其他小股东进行投票表决，从而增强创始人在股东大会上的影响力。

通过控股公司（有限责任公司或有限合伙企业）间接持有企业股份，创始人实际上是该控股公司的法人，这样也可以控制小股东们的表决权。

（2）增强表决权。通过增强创始人所持股权的表决权，从而提高创始人在股东大会上的影响力，比如常见的 AB 股结构设计。

（3）增强否决权。当企业发生大事件（如解散、清算、合并等）需要企业股东召开股东大会对某个决策进行表决时，创始人可以通过否决权否定这个决策。

（4）董事会控制。增强对董事会的控制力和影响力，可以另行设立董事会的章程规则，企业一半以上的董事会成员要由创业团队担任或由创始人直接指定。

企业发展到一定阶段，多数董事都是由合伙人会议提名，而不是根据股东的持股比例来确定的。通过以上措施，基本上就能掌握公司控制权了。

董事长就一定能控制公司吗

很多人都觉得董事长肯定能控制公司，因为没有人管得了他，但事实上董事长未必就一定能完全控制公司。很多人可能不明白其中的道理，其实原因主要有以下几个。

（1）按照《中华人民共和国公司法》规定，董事长由董事会选举产生。

（2）董事长与其他董事的权力差别在于董事长有会议召集的权力，除此之外董事长与其他董事的权力相同。董事会表决时，按照人数进行，一人一票。

（3）董事长的职务可以被无因解除，换句话说，就是不需要理由就可以解除董事长的职务。

（4）董事长被解除职务后不能向法院主张权利，根据《中华人民共和国公司法》的司法解释，董事长不能因自己被解除职务而向法院起诉决议无效。

（5）董事会是由股东会选举产生的，如无特殊约定，股东会按照股权比例确定董事会的人数。如果董事长个人的亲信人员在董事会中无法获得多数席位，那么董事长就无法控制董事会，也就无法保证其对公司的控制权。

现在大家都明白了，公司不是董事长一个人说了算，董事长也不一定就能完全控制公司。除了董事长，控制公司还有一种形式，就是有限合伙模式。

如何设置有限合伙模式

以前皇室与航海家的合作就是合伙企业的雏形。出资的皇室承担有限责任，以出资为限承担责任。出海的航海家承担的不仅有部分出资的责任，还有管理的责任，甚至冒着生命危险，是无限连带责任。

在进行资本运作时，有限合伙企业有两个主要用途。

（1）将员工放在持股平台，往往采取有限合伙企业的形式，就是公司指定负责人做普通合伙人（GP），出资且参与经营，而另一部分员工做有限合伙人（LP），仅出资但不负责经营。这样最大的好处在于保证了公司创始人的控制权。一些非上市公司在做股权激励时，也常常采用这种架构。

（2）基金公司在私募基金时，也常采用这种形式。基金管理人做普通合伙人（GP），一般提取基金总额的 2% 作为管理费，出资人做有限合伙人

(LP)，出资人以小搏大，承担有限责任，不参与经营。基金赚钱后，给出资人分钱，一般分80%给LP，作为管理人的GP可分得20%。但如果基金赔钱了，出资人以出资为限承担有限责任。这样既便于筹集资金，又适应了出资人不参与管理的需求，还便于基金管理人管理基金，有利于社会资金的大规模募集。

有限合伙模式的操作步骤是创始人或创始人指定的人设立“一人有限公司”，该“一人有限公司”作为普通合伙人（GP）与未来的高管等作为有限合伙人（LP），共同设立有限合伙企业，通过有限合伙企业成为“子公司”的股东。

总之，有限合伙模式的好处是既可保障公司创始人的控制权，又能一定程度地节税。因为有限合伙企业仅承担个人所得税，不用承担企业所得税。如果将有限合伙企业注册在税收洼地，还可享受当地的税收优惠。下表列出的是不同投资主体和不同性质合伙人的纳税政策，可以看出有限合伙企业是有纳税优惠的（见表7-1）。

表7-1　不同投资主体和不同性质合伙人的纳税政策

不同投资主体	不同性质合伙人	不同纳税政策
中国国籍自然人	普通合伙人	按5%～35%的个人所得税税率征税
	有限合伙人	按20%的税率征税
中国法人企业	—	按25%的企业所得税税率征税
非居民企业	执行事务的合伙人	按25%的企业所得税税率征税
	非执行事务的合伙人（包括有限合伙人）	按10%的预提所得税税率征税
外籍个人	执行事务的合伙人	按5%～35%的个人所得税税率征税
	有限合伙人	适用免税规定

做小结

持股平台有公司制、有限合伙、契约型、资产管理计划、信托计划等形式。相对来说，我们建议创业公司以有限合伙企业作为持股平台，因为它有很多优点。另外合伙企业有普通合伙企业和有限合伙企业之分，如果你要成立有限合伙企业，就一定要签订合伙协议和入伙协议。对于公司的创始人，随着融资的进行，股权会被不断稀释，所以要学会运用投票权委托、一致行动人协议、AB 股、一票否决权、董事会提名权等手段来实现对公司控制权的完全掌握。

第八章

九变篇：股权分配

是故屈诸侯者以害，役诸侯者以业，趋诸侯者以利。

——《孙子兵法·九变篇》

第一节　资源、顾问、技术、人脉方面如何分配股权

小案例

曹总在南京有一个宠物智能管理项目，他认为这个赛道很有前景，但是自己本身不是宠物行业出身的，所以对相关资源、顾问、技术、人脉等都很欠缺。由于他自己一个人占股100%，每当有人跟他承诺说有很好的相关条件时，他就拿出10%甚至更多的股权分配给对方，以为这样对方就肯放心地与他合作了，他觉得创业只有整合资源才能事半功倍，不费太多金钱和时间就能达到想要的目标。但是后面却事与愿违，很多人向他承诺有多么好的销售渠道，结果却只是认识一些宠物店的老板，或者仅有对方的微信，根本不是很强的关系，做智能化开发的技术负责人也只是开发了一些小程序，含金量很低。这时他已经把60%的股权都分配出去了，其他外部股东的占股居然比他这个创始人还多。在他对项目进行融资的过程中，投资人都很担心，因为没有专业的创业团队，风险太大了。

全拆解

初创项目缺人、缺钱、缺资源是常态，很多创始人由于急于求成，没有思考如何给提供资源、顾问、技术、人脉的人分配股权，认为反正公司现在的股权不值钱，所以随便就把股权分出去了，后来才发现这些人并没有想象中的那么有价值，这时再想收回股权就变得很麻烦，所以要提前约定好对这些人分配股权的规则。

提供资源者如何分配股权

有的人说他有很丰富的政府资源、渠道资源和广告资源，但该资源是否有价值，应该以兑现一定的成果来作为考核结果，兑现了则获得相对应的股权，否则就不能获得股权。

比如即使是大明星，他以形象代言来入股，也只是在一定时期内有价值，万一这位明星闹出什么负面消息，就失去了代言价值，这种情况创业者要格外小心。

如果按人力贡献来算，动态分红是指合作各方将利润分成不同的阶梯，不同的阶梯对应不同的分红比例，即分红比例随着利润额的变化而变化。

举个例子，当经营利润达到 100 万时，分红比例是 10%；当经营利润达到 200 万时，分红比例是 15%，可以参考此标准来变通执行。

不要一开始就给提供资源者兑现股权，可以先给他一些分红股，如果你很爽快地直接就给他股权，有可能最后他的那些资源并没有为公司创造多大的价值，甚至有的人拿了股权之后什么都不干，只等着公司给他发放分红。

对于资源型的合伙人，要有业绩考核，有对赌条款，对赌的内容包含两项，一项是业绩对赌，一项是时间对赌，也就是说在他承诺的时间里达成什么具体的业绩标准，不能听他空口承诺说“你放心，我的这些资源是很优越的，肯定能带来业绩”。创业者一定不能只听空话，要一切以实际的业绩达成为标准。

比如他信誓旦旦地说他能够为公司介绍 100 个客户，向你索要 10% 的股权，你就要跟他约定在多长时间之内，业绩能达到多少，或者多少客户能成为公司什么级别的客户，如果对赌实现了，就能给他兑现股份。

这其实相当于是一种业绩股，有了业绩，才有股权，按照业绩贡献考核给予资源股，低于目标值就不给股份，只给业绩提成奖励。总之提供的资源要量化，要始终保持动态股权设计思维。

对于长期资源提供者，可考虑利益合作分成、利益与贡献的累进制分成及适当比例的股权长期绑定。如果只是承诺投入短期资源，而不考虑全职参与公司运营的人，创业者应当只考虑给其项目提成，只谈利益合作，而不要通过分配股权来进行长期深度绑定。

对于外部核心资源合作者，可通过期权池和虚拟股票的方式进行业绩激励和价值绑定。股权由创始合伙人代持或通过建立有限合伙企业代持。

短期资源承诺者是创业公司早期的贡献者、合作者，有些人确实为公司发展起到了至关重要的作用，但“请神容易送神难”，项目的运营需要整个团队长期投入时间和精力，不能一蹴而就。

如果短期资源提供者没有提供承诺的资源而得到了股权或期权，那么退回其获得的股权和期权就会成为法律问题，还可能引起法律纠纷。如果短期资源提供者在提供资源之后坐享公司利益，短时间内可能没有问题，时间长了，就会严重影响公司其他股东或员工的创业激情和士气，造成心理或利益失衡，继而可能引发巨大的潜在纠纷。

总之，对于承诺投入短期资源但不全职参与公司运营的人，最好与其谈项目提成，谈利益交换，一事一议，一次一清，一事一结，不能用股权或期权进行长期深度绑定。

外部顾问如何分配股权

有不少创业者说：你们编委会的这些顾问老师这么懂股权设计，我分20%的股权给顾问老师。且慢！你认真思考过吗？一些外部的顾问老师是否真的适合做你公司的股东？

比如顾问老师没有全职加入创业团队，更没有投资入股，也没有约定相应的考核条件，而20%的股权价值并不低，这让后面进来公司的投资人或股东怎么想？

所以各位创业者在决定给外部顾问老师分配股权时，一定要慎重考虑以下几点（见图 8-1）。

全职还是兼职　工作定位　是否参与决策　是否出资　能力是否适应企业的发展

图 8-1　给外部顾问老师分配股权时要考虑的因素

1. **顾问老师是全职还是兼职**

顾问老师成为股东全职参与经营可以，但做兼职合伙人不行。因为只有全程参与公司管理，才能真正了解公司运作的具体情况。有些顾问老师只是针对某个具体的问题有一些解决方案或思路，但对公司的整体运营并没有明确的认知，所以公司的经营必须是全职参与才行。

2. **顾问老师的工作定位**

顾问老师既能像诸葛亮一样出谋划策，也能像关羽一样领兵打仗吗？能否一职多能，是否需要考核？作为创始人，一定不能过于依赖顾问老师，他们可以全年陪跑辅导你，但是为其分配股权则要谨慎。

3. **顾问老师是否参与决策**

如果企业决策完全听顾问老师的安排，工作将无法顺利开展，毕竟最了解企业的人是你，顾问老师说的只是一些参考意见。

4. **顾问老师是否出资**

不能把本该支付的顾问费折算成股权，即便顾问老师想加入公司，也一定要出资成为正式股东。初创企业刚开始没有多少钱，创始人也觉得公司的股权不值钱，有的创始人甚至在请顾问老师来公司做辅导时，直接免费赠送股权给顾问老师，这是非常不好的行为。你要相信公司会发展得越来越好，后续会获得资本市场的认可，到那时股权比当初你要支付的顾问费更有价值。

5. **顾问老师的能力是否适应企业的发展**

企业的运营就像父母养孩子，需要付出巨大的心血和代价，需要长期持续不断地投入人力、物力和财力。顾问老师的能力是否能够适应企业的发展？

这也是创业者要好好思考的问题。

所以奉劝各位创业者，要理性判断顾问老师是否适合做合伙人，不要头脑一热，就送顾问老师股权。让外部顾问老师成为股东容易，但是真正实施后发现效果并没有想象中那么好，到时再想把顾问老师清退出企业，却是很难的事，毕竟你没有顾问老师那么懂股权设计。

技术提供者如何分配股权

除外部顾问老师这个智库外，在创业过程中也很缺技术类的人才，那么对于那些技术提供者，该如何分配股权呢?

如果是很资深的技术人员想要占公司15%的股权，而他又不想出资，建议你先给技术型合伙人代持的股权，不要到市场监督管理部门注册，待条件成熟后再去注册。你可以设定股权分三年兑现，每年兑现5%。具体可以按以下几个方面进行约定。

1. 股权兑现约定

实现第一年目标，完成产品研发、产品改进、团队组建，兑现5%。

实现第二年目标，产品已完成打磨并进入全年的产品销售阶段，兑现5%。

实现第三年目标，若产品的销售额达到××万元，兑现5%。

若任意一年未完成目标，则股权由公司全部无偿收回。

2. 退出条款约定

如果三年内退出，公司有权以每股××元的价格回购技术型合伙人的所有股权。

如果三年后退出，回购价由双方协商，协商不一致的，公司按最近一期净资产价格来回购他已成熟的股权。

3. 知识产权约定

技术型合伙人侵犯他人权利导致的全部法律责任由他本人承担。在合伙经营期间相关的知识产权等均属于公司职务成果或商业秘密，知识产权均属于公司。

4. **其他条款约定**

与技术提供者约定保密条款、竞业禁止、违约条款等，既有激励作用又有约束效果。

总之，给技术提供者分配股权时，一定要谨慎，要做到科学合理分配，循序渐进，约定好各种规则，不能想当然地就分配出很多股权，这样对双方都是不负责任的。

提供人脉关系者如何分配股权

股权分配还有哪些实用的技巧呢？股权是融人、融资、融智、融资源的重要武器，在动态股权设计中，人脉关系如何计算贡献点？

有人说他认识很多大公司的老板，这些人脉关系能兑换成股权吗？奉劝你要慎重。他若没有全职加入公司，你就认为他的人脉能为公司带来实质性的利益，让他持有了公司的小部分股权，这样做风险很大。实际上他说的那些大公司的老板可能只是认识而已，还称不上很熟。即使很熟，也不见得能为公司带来什么经济利益。

事实上，人脉在社交信息网络发达、自由市场经济发达、廉政建设逐渐完善的今天，越来越没有过去那么“神通广大”、显得重要了。

退一步讲，难道有关系，就可以让不合格的产品获得上市许可吗？就可以让客户买他不认可的产品吗？人脉很可能仅仅起到一个牵线搭桥的作用，对方是否能够跟你做成生意，还是要回归商业的本质。

所以对于人脉，动态股权分配机制的原则就是只有兑现了的价值才能算作贡献值。没有兑现的人脉关系、社会资源一律不作为贡献点。有用的人脉关系、社会资源的价值一定要体现在某一个贡献点上，比如促成订单。

如果某个合伙人利用自己的人脉资源促成了一笔销售，他理应获得这部分销售奖励，若他不领取这部分奖励，则可以记为其贡献值，达到里程碑时是可以兑换成股权的。

人脉关系并不是贡献点，只有通过人脉关系最终促成销售才是实实在在的贡献点。人脉关系无法明码标价，但是促成销售是很容易标价的。

因此，无论一个人说他的人脉有多宽广，你都不要轻易相信，你只需要对他说，达成业绩就能兑现，其他的说多了也没有用！

做小结

针对提供资源、顾问、技术、人脉等的外部人员，我们作为企业创始人一定要有清醒的认识，不能头脑一热随便就答应对方的要求，把宝贵的股权分配出去。一条最核心的原则就是要以效果为准，不要轻易相信口头承诺。如果没有达到承诺的效果，那就不要轻易分配股权，更不能实名变更股权，只有分阶段达到承诺的效果，才可分批逐步兑现股权，这样才能收放自如，有效分配好股权。

第二节 实体店如何分配股权

小案例

随着互联网流量成本的增加，原先的流量红利越来越少了，相对来说实体店经营的机会也就增加了，但是很多做实体店的老板还是守着自己一亩三分地。一家全国连锁的品牌餐饮店老板范总生意做得不错，但是店面扩大到15家后，他感觉自己没有能力去掌控这么多的店面，于是想到用股权去招募外部投资人，把店长也纳入合伙人的行列中。由于刚开始没有提前进行很好的沟通，很多店长对于股权不太理解，认为是老板为降低成本、减少分红的一种借口。后来范总带着店长们到西贝餐饮、喜家德水饺去学习考察，提升了店长们的认知，回来后股权计划得以分阶段顺利实施，达到了降低运营成本、提升连锁品牌资本价值的目标。

全拆解

实体店业态包括美容、餐饮、培训、服装、汽车服务、房屋出租等，满足人们日常工作与生活的基本需求，整个赛道的规模是相当惊人的，只是这么多年来，实体店老板们都是实业经营的小本生意思维，没有科学利用分配股权的力量，快速抢占发展先机，所以发展起来很缓慢。作为数智时代的创业者，一定要学会科学分股。

实体店的五步科学分股方法

不少开实体店的老板向笔者咨询如何分股的问题，在现实中很多实体店面的员工对股权既不了解，又缺资金，抗压能力也弱，如果取消他们的工资，只谈分红，估计他们无法接受，建议按下面五个阶段来推进。

1. 第一阶段：员工入股包赚不赔

老板向员工承诺，入股后工资、奖金照发，如果发生亏损，公司承担员工投资本金的全部损失。方案一旦公布，肯定会有胆大的员工投钱入股，比如投 10 万元占股 5%，如果年终店面分红时，再拿到 10 万元分红，收入就会翻倍。

2. 第二阶段：员工承担有限风险

第二阶段方案可调整为让员工承担部分风险，即员工投资后工资、奖金照发，但如果店面亏损，公司承诺承担员工投资金额 50%的亏损，但员工要承担另外 50%的投资风险。

3. 第三阶段：员工分红保底

再次开新店时，店长和核心人员在新店中的投资比例由 5%增至 10%，投资额增加意味着分红会翻倍。公司将一年一次分红改为按月分红，对入股员工不再发放工资、奖金。公司承诺员工的年收益不低于上一年分红的两倍，低于部分将由公司负责补齐。

4. 第四阶段：风险共担

第四阶段再次加大店长入股比例，扩大到 15%，其中 5%的入股金由公司垫付，年终分红时，从利润中扣除。如果出现风险，员工按比例承担。

5. 第五阶段：平台创业

创始人把自己在每家店铺所占股权降至 25%，另外 75%全部分配给店面的核心管理层和优秀骨干。员工不再领工资，只拿分红，公司也不再承担员工的投资风险，员工压力增大，动力增强。老板与员工之间的雇佣关系转变成真正的合伙关系，这样做既激发了员工的战斗力，也减轻了企业的管理压力。

举个例子，大家都知道开餐馆现金流动会比较快，一个老板想开一家特色餐馆，常会采用这样的三种方式：一是雇用大厨，支付其高工资；二是给大厨提成奖励；三是让大厨承包经营。但效果可能都不会太好。如果老板让大厨按照入股比例分享餐馆利润，与老板利益共享，这样就大大提高了大厨的积极性，能使大厨更加关注餐馆利润。

（1）大厨出于长远考虑，会制定完善的产品及服务标准，让个人和企业的利益实现长期绑定，一起做大企业。

（2）大厨会建立标准化运作流程：建立客观衡量标准、流程化作业，方便对工作实施考核。

（3）大厨会不断改进产品和服务质量，建立有效的客户评价机制，作为改进店面工作的抓手，实现产品和服务质量的双提升，从而吸引更多的客户。

（4）大厨会有让餐馆不断获得融资甚至上市的梦想。梦想，是一种催人奋进的力量，人生如果没有梦想，将是一片灰暗。大厨也可能会在某一天成为上市公司的股东之一，到证券交易所去敲钟，那是何等的荣耀！

老板对自己的定位，决定了其在企业的地位，也决定了企业未来的发展空间。老板有梦想、有格局、愿分享，科学分股就可以激励团队成员一起努力，共同为梦想打拼。

实体店如何给投资人和经营团队分红

假如你们经营团队想一起合作开连锁店，但是没有资金来投资，假如有个天使投资人想投资你们，经营团队怎样分红才能让双方都满意？下面的设计方案供你们参考。

（1）第一家店利润分红为投资人分 60%，经营方分 40%。当投资人收回投资本金后，利润分配变为投资人分 40%，经营方分 60%。

（2）第二家店如果用第一家店的利润滚动开店，则投资方分 30%，经营方分 70%。

（3）第三家店如果用之前店面的利润滚动开店，则投资方分 20%，经营方分 80%。

（4）第四家店及以后的店，如果用之前店面的利润滚动开店，则投资方分 10%，经营方分 90%。

（5）各方确定合作期限为 3 年，如果 3 年之内任何一方主动退出或离职，按照店面原始出资的半价收回股权，并取消分红。

（6）竞业限制：各方在合作期间以及合作结束后的 2 年内，不得在合作区域内自营或者与其他人合营同样的业务，违者除其所得全部收入将用于赔偿外，股权也将被 0 元收回。

（7）店面财务人员由投资人指定，鼓励店面财务人员在每个店面入股 3%～5%。这样店面财务人员也成为利益共同体的一员，会更有积极性。

大家觉得这种设计方案怎么样？这样的分股方案操作性是否比较强呢？当然整个分股的落地工作流程还是很严谨的，必要时需要请专业的股权顾问团队来辅助你。

做小结

实体店的股权分配，要注意这三个重要的点：首先是分阶段进行风险管理，让参与股权分配的店长能看得到希望，同时要循序渐进地实施，不可操之过急；其次是内部流程的标准化、可复制性，建立相应的考核机制，让股权与分红有章可循；最后是实体店引进投资人时，要设置好分红机制，做好财务方面的监督管理。

第三节　如何平衡分红与报酬

小案例

做工业互联网软件开发的黄总找了几个合伙人，大家为了节省开支，每个人都没有从公司领工资，认为既然公司都是大家的，拿不拿工资都无所谓，甚至有的股东为公司拉来了业务，也没要什么奖励，总是觉得自己是老板，拿提成或奖金好像不好意思。随着公司业务发展得越来越好，后面个别股东就觉得不公平了，因为看到有的股东没做多少贡献，但是占股也不低，情绪就变得越来越低落了。没过多久，股东之间的矛盾更加激化，有的股东就离开了公司。

全拆解

案例中的黄总始终没有想明白，股东也不是普通员工，既然大家都看重公司的分红，为什么股东还要领报酬？其实黄总没有平衡好股东分红与报酬之间的关系。

如何平衡股东分红与报酬之间的关系

如果公司股东同时是高管，那他的分红和报酬怎么算？合伙人的工资、奖金等报酬和分红不能混为一谈，分红是基于股东的投资行为，是“剩余索取权”；而报酬则是基于作为高管的劳动付出，这是两个不同的概念。

（1）有的股东参与公司运营，有的股东不参与运营；股东所持股权比例有高有低，通过分红产生的利益就不一致；股东由于能力不同，担任的职务不同，职责不同，对公司的管理贡献价值也有大有小。

（2）如果将股东分红与劳动报酬混为一谈，容易使某些劳动贡献大又不能通过分红有效弥补的股东产生不平衡感，时间一长肯定会引发股东矛盾。上面案例中黄总的公司就是这样的原因造成有的股东心理不平衡，久而久之矛盾变得不可调和，有的股东只能离开公司了。

（3）股东出任高管，事先要通过股东协议对方向性、原则性的问题进行约定或限定。尽量比照市场价格，同时考虑对管理人员的激励需要，制定相应的薪资奖励方案。

对于以管理入股（配股）的股东来说，他的报酬究竟如何确定？要把分红和报酬区分开来，两者之间区分清楚。具体方案有两种：

（1）如实确定管理人员股东所占股份对应的投资，该投资由公司（或者大股东）垫付；如实约定管理人员股东应领取的报酬（包括发放报酬的条件），管理人员股东分期用应得的报酬冲抵（或者归还）应付的投资款。投资款冲抵完成后，管理人员股东正常领取报酬。

（2）明确约定配股部分的股权兑现时间，在此期间，管理人员股东完成约定的工作，但只领取适量基本工资作为生活保障。期间届满，股权完全实现兑现。从这以后该管理人员股东可以正常领取报酬。

如果公司刚成立，资金本来就不足，无力给管理人员股东发放足额的工资，该怎么办？此时也要明确约定充分的报酬。可以采用以下三种方式缓解公司支付能力的不足。

（1）约定正常的报酬激励机制，管理人员股东在约定的期限内放弃部分报酬，作为对公司的一种投入。放弃的数额应与股东所占股份比例一致。没有参与管理的股东，应投入相应的现金到公司，使股东对公司的投入与所占股份比例一致。

（2）约定正常的报酬激励机制，管理人员股东在约定的期限内暂不领取部分报酬，暂不领取的部分报酬可以作为他对公司的借贷，在适当的时候由公司归还（此部分可以约定利息）。

（3）降低基本工资部分的报酬比例，加大奖励部分的报酬比例。基本工资按月领取，作为管理人员股东的基本生活保障。奖励部分可以根据公司情况与各种指标挂钩，主要跟公司实际实现的利润挂钩，按季度、半年或者年度计发。由于发放的奖金来源于公司新增的利润，故公司的支付压力就大大减轻了。

创业虽然有很多对抗人性弱点的举措，但股东都有自己的利益诉求，所以要把股东分红和经营岗位的报酬分配好，那么股东合伙人到底该怎样分配利益呢？

股东合伙人如何分配利益

有些股东合伙人说企业赚了钱就应该把利润全部分了，这样的操作肯定是不符合规则的。因为企业有了利润后，首先是要弥补亏损，再扣除法定公积金，最后剩下的利润才能分配给公司股东。

一般来说是按股权比例分配利益，但全体股东也可约定不按出资比例分红。而有限合伙企业一般是按照合伙人实缴出资比例分配利润，但如果合伙人事先约定不按出资比例分配红利，那么该约定同样具有法律效力。

（1）利润分配要和合伙人的收入相分离。某合伙人为企业开发了一个项目系统，企业就这项工作单独给予这位合伙人相应的劳动报酬，这不属于利润分配。

（2）利润分配方式应在合伙协议中明确约定，例如利润留成、盈亏包干等。不同合伙人在企业发展的不同阶段的贡献不同，因此股权架构及利润分配方式是需要进行动态调整的。

我们编委会成员在做股权咨询的业务场景里，看到不少合伙人在公司发展中，总觉得自己所持股权与收益不匹配，心理不平衡，此时就要依据股东贡献重新调整股权架构，所以动态设计是很重要的。如果公司不分红，资源就会留在公司，实质上就是留在大股东手里，大股东可以按照自己的意愿去投资，或用于其他目的。

分红本质上是减少了大股东可以支配的资源数量，不符合大股东的利益。大股东如果需要现金，他随时可以分红。所以，哪怕钱放在公司不用，对于大股东来说，不分红都比分掉要好，因为分红的本质是减少了大股东的选择空间。

我国的上市公司在最初的20年时间里，很少给小股东分红，直到中国证监会明确提出了上市公司的分红要求，这种情况才被改变。

我国大多数企业主体是有限责任公司，一家有限责任公司要不要分红、分红比例是多少，这些完全由股东会议来决定。股东会议的决策机制是投票表决，股东按照出资比例行使表决权，最终结果还是由大股东说了算。当然，公司章程可以特别约定，全体股东不按照出资比例分取红利。

高管如何分配利益

除股东合伙人的利益分配机制外，对于新来的高管怎么分配他们的利益呢？通过我们实际的咨询经验来看，可以实行利润分红的激励，制定相关的标准，按不同的情况来分配。下面举一个例子来说明。

比如，实际完成业绩<业绩目标的80%时，分红比例为0；

业绩目标的80%≤实际完成业绩<业绩目标的90%时，可分得公司总利润的8%；

业绩目标的90%≤实际完成业绩<业绩目标的100%时，可分得公司总利润的9%；

业绩目标的100%≤实际完成业绩<业绩目标的110%时，可分得公司总利润的10%；

业绩目标的110%≤实际完成业绩<业绩目标的120%时，可分得公司总利润的11%；

实际完成业绩≥业绩目标的120%时，可分得公司总利润的12%。

完成利润分红后，可考虑是否进行股权激励或期权激励。

怎样设定一家公司的利润目标呢?

比如，一家公司2024年利润目标是500万元，那2025年利润目标可这样计算：500万元×（1+6%）×（1+30%）= 689万元，其中6%是无风险利率（一般为当年的通货膨胀率，为6%～8%），30%是企业发展的增长比例。

如果企业利润缩减，流动性资金短缺，账上没钱可进行超额利润分配，可采取分红递延支付法，就是分期支付奖金的形式，比如第一年分50%，第二年分30%，第三年分20%。分期支付完成前离职就视为自动放弃剩余的分红。

一家公司的高管可以获得在职分红股，在职分红的前提条件是公司经审计实际达成利润不低于利润激励基点的80%，如果公司实际完成净利润低于利润激励基点的80%，则取消在职分红激励。

制订在职分红激励计划首先要设定合理的目标利润。激励总额度应视公司自身的情况来确定，可以是10%，也可以是30%，甚至更高，但是需要根据公司的规模、利润总量、激励人数的多少来确定，不能太高，也不能太低。

若公司只实行在职分红激励，那么在满足在职分红条件的情况下，在职分红提取比例为30%，公司经审计实际净利润为公司实际完成净利润。

即：在职分红激励金额=公司经审计实际净利润×30%。

若公司实行在职分红激励的同时，也实行超额利润分红激励，那么在满足在职分红条件的情况下，在职分红提取比例为30%，在职分红核算基数为公司实际完成净利润（在利润激励基点以内的部分）。

即在职分红激励金额=在职分红核算基数×30%。

激励对象一般为公司的核心管理人才，技术、营销方面的核心骨干，如果企业规模大、组织架构完善，可以适当加大激励范围。

对激励对象进行考核，应遵循公平性、激励性原则，既要考虑不同层级的岗位、不同性质岗位的差别，利用专业工具对岗位价值、个人绩效进行评估，也要考虑股权的份值。

制定相应的配套考核机制，不仅对激励对象进行选择，同时对其进行约束，确保激励效果的实现。最后就是设计好退出机制，让员工得到利益，同时保证公司的利益，这样才能让激励计划发挥出最大作用。

做小结

公司之所以成为公司，是因为它是法人实体，与股东个人的身份是不同的，所以不要把股东个人等同于公司，个人是否领取薪酬也与股东身份无关，很有必要在公司施行按贡献的大小领取相应的报酬。分红权与领取报酬其实是不冲突的，作为公司的一员，股东如果为公司做了额外的贡献，是完全可以按照业绩考核标准领取奖励的。只是在设置机制上，分红与报酬有一个相互平衡的关系，这个度要把握好。对高管要设置业绩目标和利润目标，如果超额达成了目标，那就可以领取在职分红。

| 第九章 |

行军篇：股权估值

辞卑而益备者，进也；辞强而进驱者，退也；轻车先出居其侧者，陈也；无约而请和者，谋也；奔走而陈兵车者，期也；半进半退者，诱也。

——《孙子兵法·行军篇》

第一节 估值的误区

小案例

老郭是从事中医40多年的老创业者，他有自己的独特配方，治疗风湿病有独特的疗效，而且患者反馈都很好，甚至有很多在三甲医院治了好多年都没起色的老病人在他这里却获得了很好的疗效。他听从顾问老师的建议，想把这个配方量产，于是想到了融资。他也经常看到一些做互联网项目的年轻小伙儿，轻易就能融到几百万上千万元的资金，项目估值近亿元，于是他觉得自己这么有技术含量的项目，肯定能获得投资人的认可，于是他把项目估值3000万元，但找的十几个投资人，对他的这个估值都不认可。

全拆解

老郭百思不得其解，认为投资人根本不懂中医的价值。企业想在资本市场上运作，就一定要对自己的项目有一个估价，这就是估值的概念。当投资人问你的企业值多少钱时，也就是在问你的企业估值是多少，不少企业家对于估值有一些错误的认识。

关于估值的错误认识

我们知道，如果你的企业目前还没有利润，那估值可以按市销率×销售额来计算。比如你的企业一年销售额为300万元，乘以两倍的市销率那估值就是600万元。你还可以拿一个已经融资成功的类似项目来作比较，当然对比项目在几个对比维度，要跟你的项目确实是比较接近的才行。

创业者对于自己项目的估值，会有常见的六种错误认知：

（1）估值是用本行业的某个收益系数来确定的，比如有人说互联网行业一个用户数可以值 100 元。其实这只是一个参考值，并不是通用标准。

（2）以为估值是一成不变的。其实随着企业的不断发展和周围环境的变化，估值也在不断变化。比如去年的估值是 1000 万元，今年的估值是 5000 万元也是有可能的。

（3）认为不管用什么方法，只会得到一个绝对的公司估值。估值其实都是相对合理的，双方都接受就可以交易。估值会受模型、方法、收益乘数、对标交易、回报率要求等影响而发生变化。

（4）会计师可以做估值。其实会计师做出的估值也只是一个参考值，会受合作利益的影响，相对偏向于创业者，而投资人却不太愿意接受。

（5）公司估值只需要财务报表就够了。其实估值还受市场竞争、行业前景、经济形势、股权结构、管理团队、公司和产品生命周期等因素的影响。

（6）估值等于会计报表上的各种权益加总，包括自己的时间成本等。有的创业者说："我创业 5 年了，我也没拿 1 分钱工资，相当于我 1 年投入了 20 万元，5 年就是 100 万元。"但投资人根本不认同这种估值方法。

针对那些暂时还没有收入的初创公司，可以采取记分卡的形式来算估值，记分卡估值法可以参考下面表格列出的比例值（见表 9-1）。

表 9-1　记分卡估值法

估值要素	比例值
管理团队的能力	30%
市场机会的大小	25%
产品及知识产权	15%
竞争环境	10%
市场、销售渠道、合作伙伴	10%

续表

估值要素	比例值
需要后续融资	5%
其他	5%

一家初创公司可以对以上估值要素分别计算比例值，加总后得出一个总值，乘以行业平均估值就是企业的估值了。

当投资人问你几个有关企业估值的问题时，比如问你上一轮投后估值是多少，是什么时候完成估值的，这一轮你准备按多少估值来融资，千万别答错了。我给你一个相对正确的参考答案，你可以这样回答：

（1）“我们对估值的态度很现实，也知道目前的环境和当前的正常估值是多少。”

（2）“（不要说出一个确定的数字，更不要说让市场来决定价格）估值不是唯一的决定性因素，对于我们来说，最终的财富成功不是因为这一轮省下5%的股份，而是来源于一个有思想、努力工作的管理团队和董事会，我们正在寻找能提供这些帮助的人。”

如果你的项目有一个明星管理团队，吸引了几家投资公司，还有实际的客户，是会提高项目整体估值的。投资公司考虑的是投资回报率、投资退出终值、稀释比例的确定。

对于公司估值，创业者要理性看待，避免陷入误区，这样才能让自己的项目走得更远！

常见的六个估值误区

不少创业者在对自己的项目进行估值时存在误区，主要表现在以下六个方面（见图 9-1）。

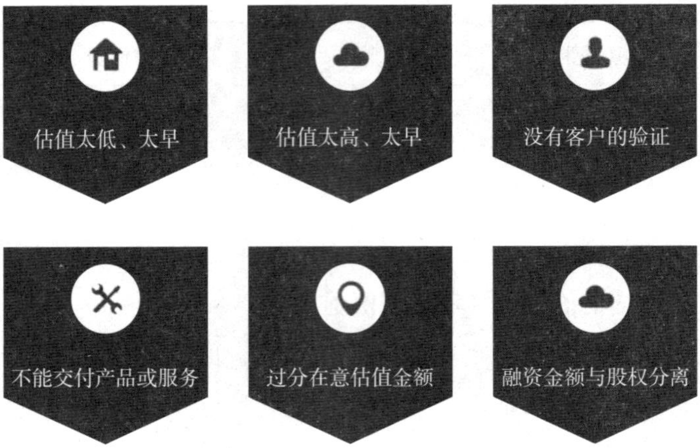

图 9-1 常见的六个估值误区

1. 估值太低、太早

如果创业者为了太少的钱而过早放弃公司大部分股权的话，就会为后几轮的融资设置障碍，影响公司的进一步发展。虽然早期项目的估值很低，但也不要太看轻自己项目的价值，每一个伟大的公司都是一步一步发展起来的，要对自己的项目抱有希望和十足的信心。

2. 估值太高、太早

在产品或服务还没有客户的情况下，初创公司从一腔热情的投资者那里过早地拿到了高于正常水平的估值融资，但是发展却没有预期的那么好，如果继续大量烧钱，就会葬送项目。要客观冷静地看待网络上报道的项目运行两年就估值几亿元的新闻，有些可能只是炒作一下概念。在高度不确定的时期，合理的估值肯定会使融资的成功率更高些，不要不切实际地一味追求高估值，融到钱比虚无的高估值，显然更有价值。

3. 没有客户的验证

除非你有一个完美的创始人业绩记录，不然如果你的产品或服务还没有得到客户的验证，也就是说商业模式还不能证实走得通，那么追求过高的估值是没有太大意义的。即使获得了融资，也会成为你脖子上的枷锁，公司迟早会出事。作为创始人，一定要以客户为本，为客户创造价值，只有客户对你的项目给予高度认可，资本才会对你的项目给予高估值。

4. 不能交付产品或服务

创始团队不具备相应的经验，对于企业管理、产品设计、产品营销、人员招聘和知识产权等，都是边做边学，即使获得了很高的估值，团队也没办法交付产品或服务。有些创始人天天跑路演现场，到处去见投资人，却没把主要精力放在对产品或服务本身的打磨上，结果肯定得不偿失、因小失大，因为为客户创造价值才是一切估值的基础。

5. 过分在意估值金额

如果投资人愿意投资你，你先快速拿到钱比斤斤计较更好，因为创业阶段的时间成本是很高的，你可以拿到钱后快速投入，使公司发展壮大。我们编委会的成员在服务一些项目的过程中发现，有些创始人把自己项目的估值一直放在一个很高的标准上，不轻易松口降低估值，结果市场环境变差，他们最终错过了最佳的融资时间窗口，项目也就失去了最好的发展机会，到后面基本就做不下去了。这样的话，再高的估值也是空中楼阁，没有任何意义。

6. 融资金额与股权分离

有的早期创业项目，实际投入不到 10 万元，却要融资 1000 万元，但只稀释 5%的股份，这样的项目不太可能有这么高的估值，往往得不到投资人的认可。你自己可以核算一下如果有人重新去做跟你一样的项目，只需要投入多少钱就能做出来？

所以，为避免上面这些常见的估值误区，就要学会正确地评估自己项目的价值。

做小结

创业者对于估值的误区，往往受媒体报道的影响较大，总以为自己的项目比起那些成功获得融资的项目要强很多倍，过于自信，也过于在意项目估值的高低。其实估值就是一种博弈，如果双方达不成共识，你无论报多少估值都无意义，因为产生不了交易。估值既是一门科学也是一门艺术，没有一种方法能被绝对地认为最恰当，只有经过交易双方最终认可的估值，才是最为合适和令人满意的结果。

第二节 影响估值的因素及提高估值的方法

小案例

国内一家做消防器材的公司的一位高管，出来和大疆公司的一位朋友一起开发了灭火无人机项目，生产了样机，也实际运用在了高楼灭火的场景中，消防救援队和用户给予了正面的评价。后面投资公司跟他谈公司的估值时，他对标了市场上的一家公司，跟他公司的发展阶段、技术水平和规模差不多，是6000万元的估值，投资公司接受了他的这个估值标准。有了资本的加持，这个项目发展迅速，接到了很多消防救援队和消防代理商的订单。

全拆解

每一个创业者都希望自己的项目在资本市场获得认可，获得较高的估值，一些媒体也经常炒作，“××‘00后’创业者一个项目轻松获得数亿元融资”，这让创业者对于高估值的追求显得更加急迫，但是项目想获得高估值，你要先了解影响估值的因素。

影响项目估值高低的因素

本书编委会成员经常接到这样的咨询：我们这个项目怎样才能获得高估值，到底哪些因素能够影响估值？这是一个很好的问题，证明创业者想对估值水平的形成进行实质性的认识。初创企业自己报出的估值常常不是项目真正的价值，只有投资人认同并且投资了项目，项目才会有实打实的估值。创业者想要项目拿到高估值，用最少的股权去换取最大的融资额，需要掌握以下几个因素（见图 9-2）。

图 9-2 影响项目估值高低的六个因素

1. **供求关系**

项目如果能受到很多投资人的青睐，估值肯定水涨船高，但也不要得意忘形，因为站得越高，可能摔得越惨。这种供求关系是会发生变化的，一旦众多投资人都不看好项目，估值很快就会掉下来。

2. **行业发展**

技术含量较高、处于行业热门赛道的项目一般会有较高的估值，于是不少项目总是想往风口赛道上去靠，比如往 AI、区块链、元宇宙、数字化经济等赛道靠。实际上，自己的项目是不是真的有技术含量、是不是正处于行业热门赛道，创始人心里一定要有数。

3. **客户基数**

客户基数越庞大，获得客户的速度越快，估值就越高。特别要提醒大家的是，千万别做假数据，你也许可以骗得一时的融资成功，但是最终会在这个圈子里变得没有可信度可言。企业资本运作不是经过一轮融资就万事大吉的，企业需要通过不断融资走向 IPO。

4. **产品运营**

有成型的产品，充分的运营数据，已产生收入甚至利润，估值会更有说服力。所以真正的财务报表很重要，一旦有了很好的财务数据，项目的估值自然就能快速提升起来。

5. **创业团队**

有一支优秀的创业团队，是最重要的。投资=投资人+投资股权结构，优秀的创业团队是项目成功的最核心因素，所以创始人要有号召力，用共同的价值观和愿景，打造有吸引力的企业文化，开创一番事业。

6. **交易细节**

交易细节很重要，具体体现在你与投资人签署的投资协议条款中，比如协议是否构建了完善的股权结构，是否向投资人提供了优先股权利、优先清算权等权益。你给予投资人的保障越充分，其承担的风险相对就越低，这将直接使你的项目估值更高。项目估值与投资协议条款中的细节存在直接的对应关系。

总之，如果一个项目具备以下条件：处在一个有前景的赛道，优秀的创业团队生产出优秀的产品，有稳定的客户，不错的增长速度，股权结构设计合理，那么这样的项目自然就会有很高的估值。

对早期项目进行估值的技巧

早期项目存在很多不确定性，如何进行估值还是有一些技巧的，下面就跟大家分享一下这些方法。

1. **早期项目估值的基本原则**

（1）先算融资额，用实现阶段性目标需要的资金量乘以 1.5 倍，再考虑合适的股权稀释比例区间，一般来说稀释 10%～25%是合适的，但如果稀释 30%以上的股权就有点危险了，过渡性融资可以控制在 10%以内。种子、天使期估值要足够低，投资回报的空间要足够大，投资人才会感兴趣。

（2）天使阶段，若项目基本靠谱、团队优秀、背景过硬，早期估值一般在 500 万～1000 万元之间，前期市场验证越充分，数据模型建立得越早，获得高估值的机会就越大，这也跟赛道是否够大、总体市场份额是否领先、项目的市场占位是否领先有关。一般特别优质的早期项目在没有特别大的投入背景下，项目估值是不会超过 1 亿元的，所以如果是早期项目，自己投入才几十万元，却想融资几千万元还是比较难的。

（3）参考行业对标对手，再利用手头掌握的用户数量和营收规模来做类比，这样你就会做到心中有数。当然要把时间窗口算上，2024 年的估值水平肯定不能跟 2016 年的去对比。

2. 早期项目估值的方法

投资人对项目的估值总共有几十种方法，但相对比较实用的有以下三种（见图 9-3）。

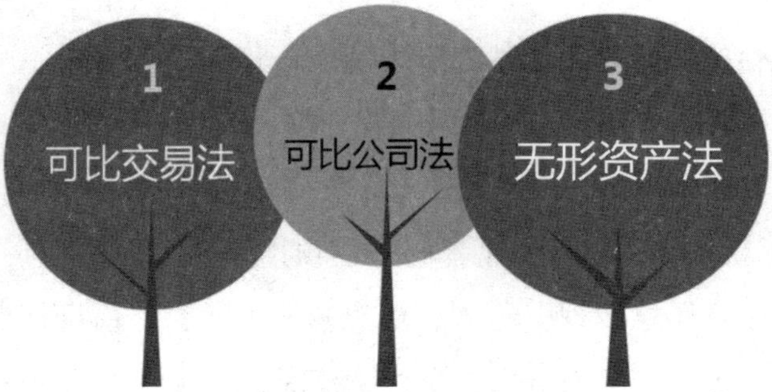

图 9-3　早期项目估值的三种方法

（1）可比交易法：简单来说，就是在市面上找到对标的项目，对你的这个项目有一定的参考性，包括数据、模式、收入等都相对类似。举个例子，A 公司刚刚获得融资，B 公司在业务领域跟 A 公司相同，经营规模上（比如收入）比 A 公司大一倍，那么投资人对 B 公司的估值应该在 A 公司估值的一倍左右。再比如当年分众传媒在分别并购框架传媒和聚众传媒的时候，一方面以分众传媒的市场参数作为依据，另一方面框架传媒的估值也可作为聚众传媒估值的依据。

（2）可比公司法：就是挑选与非上市公司同行业可比或可参照的上市公

司，以同类公司的股价与财务数据为依据，计算出主要财务比率，然后用这些比率作为市场价格乘数来推断目标项目的价值，比如按照 P/E 估值法（市盈率=价格/利润）来计算估值。

投资项目是投资一个公司的未来，是对公司未来的经营能力给出目前的价格，所以用 P/E 估值法就是：项目价值=预测市盈率×公司未来 12 个月的利润。如果某公司预测融资后下一年度的利润是 100 万元，按照 7～10 倍的 P/E，那么该项目的估值大致就是 700 万～1000 万元。对于没有利润的项目，可以用 P/S 法（市销率=价格/销售额）来计算估值。

（3）无形资产法：将早期项目所拥有的核心团队、技术壁垒、专利成果、商业模式等作为估值的标准，分别计算后得出一个总数就是估值。

3．与早期投资人洽谈估值的技巧

（1）达成交易的估值往往不是双方的理想追求，但却在可以接受的范围内，如果项目谈判筹码高，可以适当溢价，如果投资人给予的帮助大，可以考虑适当降低估值。创业者在不同阶段的融资行为，需要有一个明确的阶段目标，天使阶段看谁先给钱，A 轮融资看资源，B 轮融资看生态布局。切勿为了融资而融资，忽视了创业的初衷。

（2）投资人经常会询问创业者的估值预期是多少，这是一个合理问题。因为投资人处于“价格发现”模式，他想知道创业者的项目是否在自己预期的估值范围内。创业者应该给出一个估值范围，对投资人给出“价格信号”，创业者也可以礼貌地对投资人进行询问：“鉴于你已经对我们项目的大概估值有所了解，你觉得在市场中横向比较，我们项目的估值处于什么位置，是否合理?”

（3）只在绝对需要的时候融资，尽可能少花钱，瞄准一个稳定的增长率。让创业公司稳步增长没有错，稳步提高估值也没有错。虽然这种方式可能不会让你成为投融界的新闻人物，但它会让你在下一轮融资中轻松实现目标。

（4）如果你的项目年收入有 25%的增长，那么就可以用年盈利的 25 倍当作估值。如果你的项目暂无盈利，那么就要从长期的成长性来考虑了。如果使用营业额作为基数，那么倍数通常位于 0.5 倍至 1 倍之间。对于技术成长迅速的企业，这一倍数可以适当放大到 1 倍至 3 倍。而对于那些展现出爆发性增长趋势的数字新经济公司，其倍数可能高达 10 倍。但是如果你的项目暂时连收入都没有，除非有一些特殊情况，否则将很难对你的项目进行估值。

（5）投资人每天都在审阅大量的项目，因此他们对于市场脉搏的把握会非常准确。鉴于此，创业者也要多准备几个备选的融资方案，并仔细比较这些方案中的估值。随后，应努力跟每位投资人进行深入洽谈，争取让你的投资人相信他们能够获得至少 10 倍的回报。

（6）期权池比例是在 10%～25%的某个数字。期权池越大，你的创业项目估值就越低。因为期权池是你未来员工的价值，是你现在还没有做出来的东西。这些期权被设置为暂时不授予任何人。因为它们被从公司股权结构里划出去了，所以期权池的价值基本会从估值中扣除。

科创类企业如何估值

数智时代，很多项目能够提升新质生产力，比如“人工智能+”、低空经济项目，它们都有高估值的潜力。科创类企业处在不同企业生命周期阶段，适用的估值方法会有较大差异。

（1）初创期阶段，通常使用用户数、市场空间、市场占有率、流量等非财务指标衡量企业价值，主要的估值方法为历史交易法、可比交易法。

（2）成长期阶段，采用基于收入的估值方法（P/S、EV/S），基于自由现金流的估值方法（P/FCF、EV/FCF），基于税息、折旧及摊销前利润的估值方法（EV/EBITDA），当科创企业跨越盈亏平衡点并仍保持较高的增速时，还可以使用基于盈利和增长率的估值方法（PEG）。

（3）成熟期阶段，可采用市盈率（P/E）估值法和现金流贴现模型，长期稳定分红的科创企业还可以采用股利贴现模型（DDM）。

（4）衰退期阶段，企业的清算价值或账面价值是较为可靠的估值参考。当然，处于衰退期阶段的企业基本上被排除在科创板之外。

简单易上手的估值算法

经常有创业者问，说投资人总是问他的项目估值是多少，但自己又不知道该如何给投资人报价，下面就告诉你几个简单的估值算法。

（1）你公司 1 年利润额的 8 ～ 10 倍，静态计算就是按融资前的利润，动态计算就是按未来的利润来估值。

（2）你公司净资产的 1 ～ 2 倍，比如有一些在建工程，尚未实现盈利，可以按净资产的倍数来估值。

（3）销售额的 1 倍，比如软件、广告传播类企业，没有实现盈亏平衡，也没有什么资产，那就按销售额来估值。

—— 做小结

早期项目的估值，可以按需求资金乘以 1.5 倍来计算，天使阶段的项目一般估值 500 万元至 1000 万元。当然也可以参照对标项目的估值来计算，具体可以采取可比交易法、可比公司法、无形资产法等估值方法。对于估值，一定要保持正确的心态，不能受一些媒体报道的误导。如果你的项目是科创类，那么在不同的发展阶段，估值的方法也是不尽相同的，要灵活应对。

第十章

地形篇：股权陷阱

故兵有走者、有驰者、有陷者、有崩者、有乱者、有北者。凡此六者，非天地之灾，将之过也。夫势均，以一击十，曰走；卒强吏弱，曰驰；吏强卒弱，曰陷；大吏怒而不服，遇敌怼而自战，将不知其能，曰崩；将弱不严，教道不明，吏卒无常，陈兵纵横，曰乱；将不能料敌，以少合众，以弱击强，兵无选锋，曰北。凡此六者，败之道也，将之至任，不可不察也。

——《孙子兵法·地形篇》

第一节　如何预防融资中的陷阱

小案例

杭州做商业空间管理服务的孙总这几年获得了不错的发展，主要针对存量商业地产做闲置空间的合理规划、利用，孙总的空间智能化预算平台很有技术含量，业绩呈3倍增长，此时他想快速在全国铺开，便想到了找股权融资。刚好有一位上海的风险投资人在会议上认识了孙总，加了微信后很快到其公司进行交流，多次对孙总公司的技术表现出浓厚的兴趣，总是不断跟他探讨，甚至请教一些底层技术数据的敏感信息，孙总觉得是遇到了真的伯乐，于是毫无保留地把自己的底牌都亮给对方了。过了4个月，这位投资人却忽然消失了，后来孙总才知道，那人早已投资了北京一家同类型的公司，这样自己的商业秘密就完全泄露给竞争对手了，孙总后悔不已。

全拆解

创业者在走资本之道时，常常会碰到很多陷阱，包括商业秘密泄露、签订对赌协议等，作为创业者，一定要提前了解这些陷阱，科学创业时代，就是要提前预知并避开这些陷阱，以免受到损失。

你知道哪些股权融资的陷阱

现实中有不少假冒投资机构通过所谓的考察费、评估费、保证金、招待费、公关费等名义，与其他机构（如评估机构等）相互勾结，共同骗取创业公司的钱财。因此，企业在融资过程中一定要注意以下几个方面（见图 10-1），避免落入融资陷阱，造成不必要的损失。

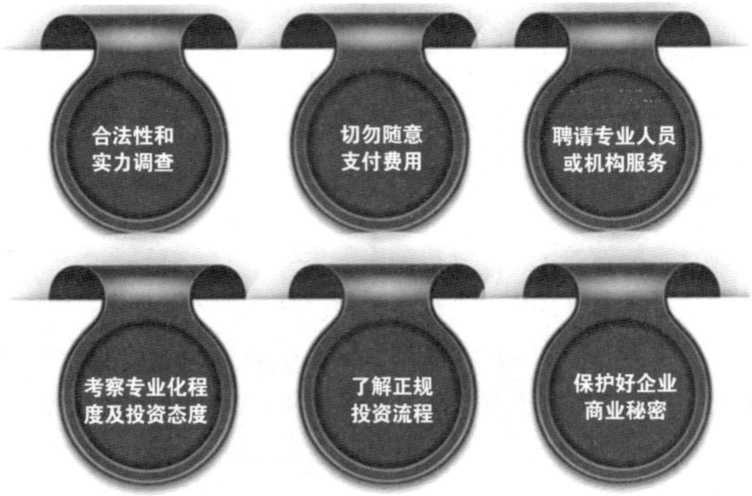

图 10-1　企业融资需要注意的六个方面

1. **合法性和实力调查**

对投资方的合法性和实力进行调查，一方面，创业者可以从市场监督管理局网站上查看投资方是否属于正规合法的投资机构；另一方面，真正的投资机构一定有成功的投资案例，企业可以通过查询投资机构的成功案例、分析案例真实性等方式，对投资方的实力进行调查。

2. **切勿随意支付费用**

一般正规的投资机构都会有自己的基金管理费，自行承担商务考察费用，也不存在向融资企业索要所谓的公关费、律师费、尽调费、风险投资评估费等情况，一旦遇到需要提前支付额外费用的情况，融资企业就需要格外留意了。

3. **聘请专业人员或机构服务**

大多数创业者及融资企业对于投资惯例和程序是不熟悉的，想把融资风险降到最低，最好聘请专业的融资服务机构或者律师进行全程跟踪服务，事先对投资方的性质和真实性进行判断，这样才能防患于未然。

4. 考察专业化程度及投资态度

如果投资方只是泛泛而谈或者对投资行业的惯例不清楚，融资企业就需要提高警惕了。投资人没有深入企业做尽职调查，是不会轻易说出很想投资之类的话的，对创业者太过热情的投资人肯定有问题。

5. 了解正规投资流程

正规的投资流程是先要到企业去做尽职调查。尽职调查是指对目标公司的资产和负债情况、经营和财务情况、法律关系以及所面临的机会与潜在的风险进行一系列调查。尽职调查的目的是尽量避免投资风险。

正规的投资通常需经历以下程序：

（1）投资方组成尽职调查小组（通常包括律师、会计师等专业人才，以下简称“尽调小组”）；

（2）投资方、融资方双方签署保密协议；

（3）尽调小组准备一份尽职调查清单；

（4）融资方在尽调小组的指导下，准备尽职调查清单上的材料；

（5）尽调小组成员查看尽职调查材料，并对融资方进行实地调研；

（6）尽调小组向投资方管理层出具尽职调查报告；

（7）投资方的投资决策委员会（简称“投委会”）决策是否投资；

（8）投资方与融资方就决定投资的项目展开投资谈判；

（9）投资方与融资方签订投资协议；

（10）按投资协议约定放款。

如果投资方没有按照上述十个程序开展工作，融资方一定要提高警惕，最好敬而远之。

6. 保护好企业商业秘密

企业成功的关键因素就是企业的核心知识产权和商业模式，无论在什么情况下，融资方都要严格保护企业的商业秘密。在融资过程中，可以向投资方介绍企业的真实情况，获取投资方信任，但一定不能泄露企业的核心机密。前述案例中的孙总就是在没有了解投资方的真实意图的情况下泄露了企业的商业秘密，落入了股权融资的陷阱。

如何预防融资中业绩对赌的风险

创业者在面对投资人的时候，往往信口开河：我的公司很有投资价值，目前估值“1个小目标”。投资人说：可以啊，我就信你的公司可以值1亿元，但是对不起，我要跟你签订对赌协议，万一实现不了呢？这里便涉及业绩对赌的问题。

业绩对赌一般是指投资公司对拟投公司业绩增长提出要求，控股股东对此进行了承诺，承诺业绩达不到预期时，由控股股东就业绩目标和实际业绩之间的差额按商定的计算方式，以现金或等值股权补偿给投资方。业绩对赌是最为常见的对赌方式之一，创业者在审核业绩对赌条款时，需要注意防范以下风险（见图10-2）。

图10-2　审核业绩对赌条款时要防范的风险

1. 小心股东个人承担巨额业绩补偿金

在融资过程中若签订了业绩对赌协议，当对赌协议中的业绩目标未能实现，导致对赌惨败时，通常涉及的赔付方为公司的控股股东。这意味着，根据对赌协议中的条款，控股股东须承担支付业绩补偿金的责任。

也就是说，这时控股股东须以个人的资产为对赌失败埋单。不少股东将自己名下的别墅、股权、基金等资产变卖以填补“天价”业绩补偿金这个窟窿。

因此，创业者在签订对赌协议时，对于业绩对赌中的业绩补偿计算方式需要格外小心，尽量做到将计算方式进行细化，并仔细衡量业绩补偿公式可能带来的风险。

2. **小心公司控制权旁落**

一般业绩对赌条款中会约定如果股东个人无法支付业绩补偿金，则须将股东个人持有的公司股份以极低的价格转让给投资方，以弥补投资方的投资损失。

若出现这种结果，就会造成创始人股东丧失公司控制权的风险，一旦创始人对公司的控制权旁落，则意味着创始人将从此被踢出局。

当一些投资人提出不合理要求时，创业者应当仔细分析并揣摩他们的真实目的。比如有的时候，投资人虽然只投入了较少的资金，却要求向公司派遣董事，从而对公司的日常经营和决策产生影响，甚至要求获得一票否决权，以在关键时刻彰显其重要性。对于这种战略意图过于明显的投资人，应持谨慎态度。相比之下，单纯的财务投资可能更为理想。有些投资人名义上是想做财务投资，实际上是为了资产重组、整合，甚至可能试图谋求公司的控制权。

对于有战略意图的投资人，创业者应当努力弱化其对公司控股权的过度要求，并通过制定完善的制度或法律框架，设置好公司的防火墙，以防范“引狼入室”的风险，确保公司的独立性和长期稳定发展。

做小结

企业创始人在融资过程中要防范风险，可以从以下几个方面着手：调查投资人的实力；不要随意支付费用给对方；如果自己对融资的业务流程不是很清楚，建议找财务顾问等专业人士来协助；可以根据对方的专业化程度来做判断；即便是有意向的投资人，也最好签署保密协议；千万要小心业绩对赌的风险，防止自己丧失对公司的控制权。

第二节 如何防范资产资金方面的风险

小案例

河北雄安有一家水净化处理公司，创始人是罗总，公司主要做市政工程。有时为了投标中标率更高，会对资金量需求比较大，前几回主要找银行做项目融资，但是公司扩张太快，资金量还是不够，刚好有一个朋友说有个融资渠道贷款审批比较快，差不多半个月贷款就可以到公司账上，罗总觉得这是及时雨，于是很快就签署了贷款协议。没想到这笔钱的年利率竟高达20%，虽然做项目比较赚钱，但这个融资成本也太高了，由于垫资周期较长，最后算上融资成本，做的工程越多，风险就越大。后面他再没有做这么高利率的融资了。

全拆解

企业在融资过程中，有债权融资和股权融资两种主要形式，其中债权融资是需要支付利息的，签订借贷协议时要注意利率是否合法，不能为了着急融资而去借高利贷，更要防范贷款诈骗。

借贷需要防范的风险

企业在发展过程中，除了股权融资，也可以通过借贷手段去融资。如果融资需求过于急迫，可能会陷入高利贷的圈套中。目前我国以赚取高额利息为目的的民间借贷合同会被法院认定为无效，但借贷仍需要防范金融票据诈骗、合同诈骗和非法集资等刑事犯罪法律风险。

（1）企业在融资过程中不能有不实陈述、提供虚假资料、编造不存在借款用途等做法。融资资金要用在生产经营上，即便经营亏损或资金周转困难，不能及时支付本息引发纠纷，一般也只会限于民事责任，不会引发刑事责任。

（2）企业进行民间借贷时需先考虑自己的偿还能力。企业家要根据自身固定资产、企业收入等情况，判断融资额度，以免过度举债，而陷入不能清偿的困境。

（3）借款时要签署规范的借款协议。出借人必须与借款人签订书面的借款协议，载明借贷双方的姓名、借款种类、币种、数额、时间、期限、用途、利率、还款方式、保证人和违约责任等条款，签字盖章，双方各执一份。

（4）借款约定利率要合法。借贷双方可以根据借款的用途及其收益，共同约定一个合理的利率，且利率的范围应遵守《最高人民法院关于审理民间借贷案件适用法律若干问题的规定》中的“两线三区”规则。其中“两线”是指：年利率24%的司法保护线和年利率36%的高利贷红线。“三区”是指：①司法保护区，即约定年利率没有超过24%的，债权人诉讼的主张，法院都会支持。②自然债务区，年利率为24%～36%的利息，债权人想要通过诉讼要这一部分利息，法院不会支持，当然如果借债人愿意给，法院也不会反对，借债人给了后又想要回来，法院也不会管。③无效区，借债人给了超过36%的利息，都可以通过诉讼要回来，法院会支持。

（5）凡是打借条的，在归还借款时一定要把借条收回，或让对方出具收条。

在目前这个充满不确定性的时代，市面上有各种经营贷、信用贷、抵押贷等产品或服务，创业者要谨慎判断其中的风险。

融资要防范个人财产与企业财产混同的风险

创业是为了让自己和家人过上更幸福和体面的生活，创业者须提前防范个人财产与企业财产混同的风险，不要到最后不但没赚到钱，还弄得家破人亡。具体可以从以下四个方面去提前防范（见图10-3）。

图 10-3 防范个人财产与企业财产混同的措施

（1）创业者要树立公司独立法人主体地位的观念。公司财产与资金属于公司所有，公司处置财产与资金，要依法经过股东会或董事会的决议形成公司意志，任何个人都不能仅凭个人意志将公司财产处分成个人财产，否则就有职务侵占犯罪之嫌。

（2）要严格按照规范的财务制度运作企业，尤其需要通过留存会计凭证、账簿、协议等证据，证明公司财产与个人财产的独立性，规范公司收取、支出资金行为。

（3）公司在融资时，要避免由创业者个人或家庭承担无限连带责任。如果在借款时迫不得已要承担无限连带责任的话，在借款前一定要提前采取一些防护手段，以应对不利情形的发生。

（4）可运用夫妻财产约定、家庭财富传承计划、家族信托工具、人寿保险合同投保架构设计、资产代持、公益基金会设立与运作、配置境外资产等家族财富管理手段，防范财产混同产生的债务风险。

做小结

在创业者中，很少有财务专业出身的，有些创业者对于财务风险往往缺乏足够的敬畏之心。例如普遍存在的做两套账的现象，就是一种对财务规范的无视。此外，对于一些所谓的投资公司，创业者往往没有清晰地区分是通过股权融资还是通过债权融资，也没有充分评估自身的偿债能力，包括能够承受的利率水平。创业者若一味地追求资金的快速到账，往往会导致严重的后果，甚至会吃大亏。

第十一章

九地篇：股权协议

所谓古之善用兵者，能使敌人前后不相及，众寡不相恃，贵贱不相救，上下不相收，卒离而不集，兵合而不齐。合于利而动，不合于利而止。敢问："敌众整而将来，待之若何?"曰："先夺其所爱，则听矣。"兵之情主速，乘人之不及，由不虞之道，攻其所不戒也。

——《孙子兵法·九地篇》

第一节 如何防范投资协议的陷阱

小案例

在南京做养老平台项目的郭总好不容易找到了投资人，投资人却对他提出了对赌要求，也就是说如果达不到业绩目标，郭总要承担连带责任，郭总为了快速融到资，便答应了投资人的要求。结果业绩最终没有达到对赌要求，郭总把自己的房子都给赔进去了。创业本来是为了追求更加美好的生活，但结果却事与愿违。

全拆解

创业者在签订投资协议时千万要小心！股权融资中的创业者连带责任条款很危险，任何约定标的公司向投资方负有赔偿或支付义务的条款都存在绑上创业者全副身家的可能性。创业者需要认真对待投资协议，仔细斟酌其中的约定。

创业者要小心连带责任条款

创业者跟投资人在签订相关协议时，一定要认真看协议上有关连带责任的条款。创业者连带责任形态可分为两种：补充连带责任和一般连带责任。一般连带责任是，无论公司是否履行赔偿或支付义务，投资人均可直接要求创业者履行全部赔偿或支付义务，这是最严苛的一种约定。

以反稀释条款为例，如果创业者看到投资协议条款上是这样写的，“在未来低价融资发生后，标的公司以现金方式补偿投资方估值调整后的差价，创始股东对此支付义务承担连带责任”，那么这对创业者来说肯定就很危险了，因为这个差价可能高出你的想象，比如数百万元，甚至数千万元，那么你可能就要卖房卖车去填补这个差价，对于创业者来说肯定是特别不友好的。那么，你可以跟投资人进行协商，看能否修改投资协议中的有关条款。

经过我们对长期的实践经验的总结，如果获得了投资人的同意，建议你可以将此类条款修改为“在未来低价融资发生后，标的公司以现金方式补偿投资方估值调整后的差价。如公司财产无法履行上述全部支付义务，则创始股东对剩余部分承担连带责任”。

这样修改后的条款，对创业者来说是很友好的。因为你要补偿的金额就不是无底洞了，一般来说创业者是有这样的能力去承受的，因为不是所有的差价都由你一个人去承担。若公司没有足够的财产去支付，那你就只承担相应的有限责任。当然前提条件是你在跟投资人沟通时，得到对方的认可。

融资前要注意股权激励条款

做股权激励要处理好跟投资人的关系，尤其是在已融资或打算融资时，因为股权激励不只是企业内部行为，应该做好相关信息披露或检视工作。

（1）要向以往的投资人或拟投资人披露公司下一阶段的股权激励计划，因为每一次股权激励，公司都是要稀释一部分股权出去的，投资人当然会很关心下一轮融资会稀释多少股权出去。

（2）仔细查看公司之前签订的融资协议，看是否允许公司今后进行股权激励行为，如允许，则应查询是否有细节条款或细节上的限制。

（3）查询投资协议对股权激励方式（如增资、代持等）是否有规定和限制。

（4）如果投资协议没有股权激励方式上的限制，当采取增资形式时，则增资的对价不得低于投资人的对价，除非投资协议对股权激励有除外规定

（通常投资协议都要求后一轮的投资价格不得低于上一轮的投资价格）。这就是我们常见的反稀释条款里的内容。

做小结

融资经历千难万险，终于要跟投资人签订协议了，但是如果此时没有律师的帮助，自己可能就会面临很大的风险，这是因为投资协议中有很多“陷阱”，看起来是标准文本，但是对于创业者来说，都是步步惊心，比如承担连带责任的条款，就有可能把自己亲自创办的企业拱手送人，还可能会弄得家破人亡。初创企业在融资时，有些投资人会要求企业把股权激励计划做完，所以创业者要融资或者要开启下一轮融资时，都要与投资人沟通股权激励计划的内容。

第二节　怎样优化投资协议中的条款

小案例

做数字人直播项目的贺总跟投资公司签了协议，其中有回购的条款，条款规定如果贺总的项目没有达到设定的业绩目标，贺总必须回购投资人的股权份额，如果不回购则必须赔偿投资人的本金及损失。对于此项条款，贺总虽然觉得有风险，但为了快速拿到资金，还是签了这个协议。后面项目的发展没有预想的那么顺利，贺总最后也只能借高利贷去回购投资人的股权份额，这对贺总来说是一次惨痛的教训。

全拆解

创业者跟投资公司签订投资协议或其他协议后，就相当于被套上了“紧箍咒”，只要投资人一“念经”，创业者就会很难受，那么能不能在签协议之前，创业者就学会各种破解协议陷阱的方法？

如何破解对赌协议的陷阱

你跟投资公司签订对赌协议，投资公司以增资方式把钱打到公司对公账户，一旦没有完成对赌业绩，需要承担赔付责任的是被投资公司还是股东个人？

答案是股东个人。因为对赌协议约定的是投资公司与股东对赌，不管其资金注入方式如何。所以要破解对赌协议的陷阱，我们建议创业者要做到以下两点。

（1）不要为了快速融到钱而盲目签订对赌协议，不到万不得已，不要选择对赌融资。

（2）对赌条款中规定目标公司必须100%完成业绩指标，如果目标公司仅完成了90%的业绩指标，也会触发对赌条款，从而造成巨大损失，甚至创业者有可能被迫净身出户，离开自己一手创办的公司。

所以对于“高业绩目标”这一条对赌“陷阱”条款必须高度重视！

如果担心签完对赌协议后自己完成不了任务，有降低任务目标的方法吗？有的！

建议你不要以财务业绩作为对赌标的，可以对赌活跃用户，比如可以把开多少家连锁门店等技术指标作为对赌标的。

举个例子，一个没有会员收费制的网站有5000万个确定的活跃会员，但没有会员收费制并不意味着这家公司没有价值。换个角度说，如果该网站启动会员收费制，每个活跃会员支付1元的会员费，那么这家公司就能有5000万元的收入。

因此，用户人数、流量、连锁店的数量等技术性的指标同样可以用作对赌标的，因为这些指标同样具有价值。当然前提是要让投资人接受这样的对赌条款。

总之，要充分了解对赌协议，理性分析自身实力，设置保护条款，加强与投资方的沟通，设定合理的对赌标准，保障对公司的控制权，立足核心竞争力，提高企业经营管理水平。推敲对方的风险规避条款，合理设置业绩增长目标，将对赌协议设置为重复博弈结构。要基于自身的经营管理能力设置合理的对赌筹码。需要特别注意合同细节，在对赌协议中设置保底条款。

我们结合《全国法院民商事审判工作会议纪要》的规定以及相关的司法案例，在处理对赌协议中涉及股权回购问题时，需要同时考虑《中华人民共和国民法典》（简称《民法典》）和《中华人民共和国公司法》的相关规定，具体参考规则见表11-1。

表 11-1　对赌协议参考规则

对赌主体	对赌内容	对赌协议的有效性	对赌协议的履行性
投资人 VS 标的公司股东/控制人	股权回购/现金补偿	如无《民法典》规定的无效情形，则为有效	可依据协议履行
投资人 VS 标的公司	股权回购	如无《民法典》规定的无效情形，则为有效	取决于是否完成减资程序
	现金补偿	如无《民法典》规定的无效情形，则为有效	取决于是否有利润足以补偿
投资人 VS 标的公司和股东/实际控制人	股权回购	与实际控制人或股东的对赌，对赌协议有效	可依据协议履行
		与目标公司的对赌，对赌协议有效	目标公司完成减资程序的可履行
	现金补偿	与实际控制人或股东的对赌，对赌协议有效	可依据协议履行
		与目标公司的对赌，对赌协议有效	有利润足以补偿时方可实际履行
投资人 VS 标的公司，股东担保	股权回购/现金补偿	如无《民法典》规定的无效情形，则为有效	可依据协议履行
投资人 VS 股东/实际控制人，公司担保	股权回购/现金补偿	根据有无股东会的授权或公司章程的明确规定对外担保	根据协议有效性的判定确定是否可履行

如何优化投资协议中的股权回购条款

为了便于投资人的顺利退出，同时保障创业者的利益，投资协议中有关股权回购的条款可以做如下优化，包括明确合同宗旨、明确通知对象的连带性、明确回购条件、约定回购选择权、约定解除权、约定减资退出六个方面（见图 11-1）。

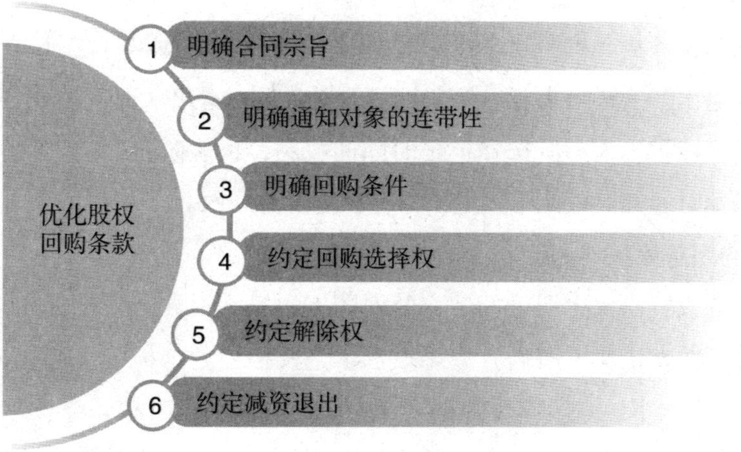

图 11-1　优化股权回购条款

1. 明确合同宗旨

清楚地陈述缔约双方的目的，对于合同条款的解释和与合同目的有关的解除权的行使来讲，具有重大意义。

例如，某投资协议约定，投资人应在某期限内通知回购人是否要求回购及回购份额，但投资人由于疏忽未发送该项通知，致使回购人以逾期失权和期后要求回购无合同依据为由而抗辩，从而陷入被动。但若合同中有明确的条款表述了投资人是为了后期退出而入股目标公司的，则从合同宗旨以及双方的权利义务平衡的角度来讲，除非发生重大逾期，否则回购人不会因此而导致回购权的丧失，即使其逾期也主张回购。

2. 明确通知对象的连带性

目标公司的实际控制人和目标公司具有极强的关联性，为了避免通知回购时通知不畅的情形发生，建议在投资协议中明确约定，当投资人向目标公司发出回购主张时，其效力将同时及于控股股东和实际控制人。这样，既减轻了通知的繁杂程度，又保障了通知的有效性。

3. 明确回购条件

应明确约定触发回购的条件。例如在特定期限内，目标公司未能在某证券交易所股票上市交易或发行债券等，则具备回购条件。

4. 约定回购选择权

当回购条件成立时，约定投资人随时（而非限期内）有权通知回购人是否减持或退出。这样一来可以保证投资人保有是否退出、退出多少的主动权，二来可以保证投资人享有选择退出时间的权利，也能防止投资人因遗忘或其他原因未及时通知时可能陷入退出权存在与否的局面。

5. 约定解除权

建议在投资协议中明确约定，若回购方逾期不回购，则投资人享有单方面解除合同并直接要求回购方返还投资本金及按照约定标准计算资金损失的权利。

如此，当回购方逾期不积极履行回购义务时，投资人无须面临请求法院判决要求对方继续回购的纠结情形（这种判决将使对方取得未获得股权前不支付回购款的“赖皮抗辩”，从而导致回收投资资金的延迟），而是直接解除合同，收回投资本金和逾期利息损失，成功实现退出。

6. 约定减资退出

在投资人以增资方式入股目标公司时，解约会造成目标公司回购投资人股权的情形，而这一情形必须符合法律规定的特定情形方可实施。

建议在投资协议中特别约定，当回购条件成熟而回购方拒不回购的，目标公司应当以减资的方式，实现投资人顺利退出的权利。

股权回购条款其实与银行要求还款一样，企业本身是第一还款来源，不到万不得已，是不希望动用第二还款来源还款的。

企业发展不顺，遇到经营困难的时候，想让企业回购，企业可能没有能力。相较于银行更注重的是有形资产和还款的数额，股权投资机构更看重的则是企业的运营能力和成长空间。

因为股权投资机构投资的企业有形资产拥有率一般都不高，实际控制人及一致行动人可能比较年轻甚至没有固定资产，也就意味着回购更加没有保障，没有能力回购的投资可能会血本无归。

股权回购条款对于投资机构而言，是否要求回购也是一个两难的选择。企业发展顺畅的时候，投资机构不想要求回购，但有时候迫于基金到期等限制，又不能不要求回购。

如何优化投资协议中的委派董事条款

投资人和创始人都会担心对方会利用在董事会的多数席位在不通知另一方董事的情况下召开董事会，导致其利益受损。

从创始人的角度，我们建议在投资协议条款中注明“董事会会议的有效出席人数应至少包括创始人委派董事在内的 3 名董事，否则该决议无效”。有的投资公司担心投钱后，创业团队会乱用钱，或者不按之前的战略计划去经营，所以会在投资协议中约定自己拥有一票否决权，这样跟创业团队之间就会产生分歧，因为创业团队并不会完全按照投资人的想法去经营公司。所以作为创始人，就要在投资协议的条款里，把投资人的一票否决权在股东会、董事会的可适用事项范围和表决程序中表述清楚，哪些事项可以动用一票否决权、哪些事项不能动用一票否决权。

创始人这样优化对投资人委派董事的条款，可以降低投资人动用一票否决权造成的不利影响，主要内容包括要注意明确约定董事会席位的数量、创始股东和投资人推选董事的数量及任期时间等，这样就能确保双方对董事会席位、董事人员构成的约定清晰无异议。比如，约定自增资登记日起，公司董事会应由 5 名董事组成。创始人有权推选 3 名董事，投资人有权推选 2 名董事。

董事会设 1 名董事长，董事长为公司的法定代表人；董事的任期每届为 3 年。投资人会要求目标公司给予自己董事会席位，以便对特殊事项进行表决，如果投资金额较大，要求的董事会席位可能还不止一个。

如果同一轮融资中有多名投资人，董事会席位往往会给予领投方，跟投方不再享有委派董事的权利。

一票否决权在股东会、董事会的可适用事项范围和表决程序都是要关注的重点。

如果投资协议仅约定委派董事会人数、成员构成以及董事任期时间，而忽略了董事会怎么召集、如何召开，董事会的职权范围、议事规则和表决方式等，就会导致双方在协议后续履行中产生争议或纠纷，引发无穷后患。

如何优化投资协议中的反稀释条款

每位创业者和投资人都希望企业越来越值钱，通俗来说就是希望本轮投资的估值相对是低的，下一轮投资时的估值要比本轮高才有钱赚，所以投资协议中会设一个反稀释条款。股权融资的很多案例中，不少企业因为反稀释条款而陷入融资困境，其实解决这个问题的办法也不少。

如果估值相差不大，实际控制人手里有足够的筹码，就遵守反稀释条款，要么补股份，要么补现金。

如果由于大环境所致或企业自身原因，本轮融资时的估值与上一轮投资人心目中的估值相差太大，上一轮投资人投入的资金又比较多，那么创始人可以跟上一轮投资人商量，确认本轮融资的估值做适当调整，约定在后期通过员工持股平台预留出来的期权，对上一轮投资人进行补偿。

反稀释条款是用来保护投资者的利益的，也是用来保障基金管理人对 LP 的交代。若企业对发展有信心，为下一轮融资确定了优先投资者，便不会排斥此条款。

只不过影响企业发展的因素太多，无论是政策变化还是核心人员的去留，不管是投资机构的偏好变化还是资本市场热点的轮换，都有可能对企业的下一轮融资产生负面效应，让企业陷入两难。

如果不能根据实际情况压低估值，按照预期融到下一轮资金，很有可能一不小心就使投资者和企业都被收割了。

做小结

创业投资又被称为风险投资，于是很多投资人想降低风险时，就会在投资协议中约定各种有利于自己的条款，比如对赌条款、回扣条款、优先权条款等。创业者千万要小心这些协议中的“陷阱”，聘请专业律师或融资顾问来帮助自己。不要轻易签订有连带责任的条款；对于对赌的标准，要恰当且有弹性；对于股权回购的条款，一定要符合自己的实际情况，提前做好预案与准备。

第十二章

火攻篇：股权投资

夫战胜攻取，而不修其功者凶，命曰“费留”。故曰：明主虑之，良将惰之，非利不动，非得不用，非危不战。主不可以怒而兴师，将不可以愠而致战。合于利而动，不合于利而止。怒可以复喜，愠可以复说，亡国不可以复存，死者不可以复生。故明主慎之，良将警之。此安国全军之道也。

——《孙子兵法·火攻篇》

第一节　创业者如何对赛道进行趋势分析

小案例

罗总和朋友在10年前运作了纯进口木头做成的宠物别墅木屋项目。当时项目刚起步，他们投资了200万元，没有做任何市场调研，只是其中的一位股东养了两只泰迪小狗，她认为消费者肯定愿意花1000多元来买这种环保耐用的木屋。前期生产了40万元的货，每个产品定价1000多元，结果消费者并不埋单，一问才知道浙江等地有用塑料做的外形与之差不多的产品，且只要100元。很显然这个项目很快就失败了，原因是项目没有找准时间窗口。

全拆解

雷军的投资公司取名顺为资本，其实就是顺势而为的意思，也就是说创业者要抓住宏观经济、产业政策的趋势，要顺势而为，不能逆时代潮流，否则是不会成功的。宠物住所项目在10年前确实没有那么高的客单价，但现在这个赛道的相关项目却有很多表现不错的，所以对赛道进行趋势分析很重要。

创业之前先要做好趋势分析

创业者对创业设想和赛道的深入研究，可以从行业发展历程与宏观趋势、市场竞争情况、创业设想在产业链中的情况、创业设想所采用的技术情况以及创业时机是否恰当等方面展开。

1. 行业发展历程与宏观趋势

创业者通过翻阅各种行业相关报告，查阅相关资料，了解该行业发展历程与宏观趋势。建议创业者经常看《新闻联播》，掌握最新的产业动态，比如人工智能、新质生产力方向，都是最新行业发展趋势。

2. 市场竞争情况

要了解你的项目所在行业集中度如何；行业中有哪些比较大的企业，前三名的企业是否形成了垄断，这些企业的核心竞争力是什么；创业设想中，创业项目能否形成差异化的核心竞争力。

3. 创业设想在产业链中的情况

要分析行业在产业链中的位置、为产业链提供的价值、在产业链中是否不可或缺、是否具备在产业链中的定价权。如果项目有很宽的护城河，在产业链上有较强的定价权，那么项目走向资本之道时会更加顺畅。

4. 创业设想所采用的技术情况

有必要了解自身的创业设想所采用的技术，是否具有先进性，是否符合技术发展趋势。若这样的技术不只是能提高一点效率，而是可以提升 10 倍以上的效率，比如革命性地降低用户的使用成本，满足撒手锏级的隐性需求，这样的技术就是很有资本价值的。

5. 创业时机是否恰当

须判断行业处于初创期、成长期、稳定期或衰退期中的哪个阶段。本节开篇案例中罗总的项目，当时的时间窗口不行，但是现在的 A 股市场上宠物行业上市企业就有 7 家，包括佩蒂股份、中宠股份、路斯股份、依依股份、源飞宠物、天元宠物、乖宝宠物，它们的市场表现还不错。

CVC 投资的最新发展趋势与特点

CVC 投资中文全称是企业风险投资，是直接投资于外部小微企业的风险投资，不包括企业内部投资或第三方投资。CVC 投资方对于既不让它投资又无法并购对方且自己兴趣很大的标的公司会“挖墙脚”，对其核心人员给予高薪和上市公司期权。

这些手段往往让标的公司又爱又怕，既期待得到CVC的青睐，又担心从此再也逃不出它的手掌心。

当然也有很多不站队的企业，坚决不“抱大腿”，就想要一些没有附加条件的钱，哪怕这些条件对自己有利，也绝不愿掺杂任何产业投资方的企业文化和产业要求，而要保持自身的独立。

这种团队的依赖性不强，自力更生的心气儿高，在度过最艰难的创业期后，更容易成长为独立的产业龙头。当然，其底气也源于团队对自己能力的认知，以及对自己产品的绝对自信。

CVC投资方和创业者之间存在这样一种博弈。有的纯粹为了孵化“小弟”，有的则为了让自己更大更强。在后一种情况中，一些产业集团会借助并购基金、合作机构、投资部等多个触角，对看中的标的公司进行尽职调查，全方位打探标的公司的技术和商业模式。

鉴于其影响力，标的公司往往也会把最真实的一面呈现出来。在多次尽职调查摸底之后，这些集团通常要么开出一个比较低的价码，按照价码让其关联机构投资，要么让自家的投资部进行一次性并购或逐步并购，要么揣摩学习标的公司的商业模式及运作能力。

因此，产业投资方投资的目的，不仅是为PE的投资带来加持，更进一步是为自己未来的并购扩张埋下伏笔，为市值管理提供足够巨大的储备项目库。

金融机构要的是资金赚钱，产业投资方要的是被投项目的优先并购权，而未必在乎那部分管理费。

CVC投资如果以自身并购创业公司的方式实现退出，往往会采用“现金+产业集团股票”的形式。在创业公司长期看好产业集团的情况下，创业公司的员工会因为持有股票而对产业集团的归属感更强，也能更安心地完成对赌期内的任职，甚至超期服务。

在失败的“PE+上市公司”投资案例中，最大的硬伤在于投资初衷往往是通过将被投标的公司注入上市公司，从此期望抬高后者的股价。但这种模式存在估值操纵、利益输送等风险，为暴雷埋下了伏笔。

CVC 投资方与创业公司之间的赋能是双向的，初始时一般是投资方为创业公司背书，如果创业公司有自己的忠实用户，也会帮助投资方所属的产业集团触达更多人群，变相降低其获客成本、宣传成本。

还有一种产业投资方与 PE 联合组成的“双 GP”模式，同样适用上述逻辑。在这类投资中，决策往往由金融机构主导，产业投资方提供技术顾问支持。PE 利用自身的金融专业能力对企业的财务指标等做出判断，产业投资方则对企业的地位与成长空间进行判断。

做小结

创业失败的原因，有时候是没有弄清楚宏观经济的发展大趋势，也不清楚市场竞争的大环境是怎样的，盲目乐观地认为自己的项目肯定会大受欢迎。结果，冰冷的市场回应给了创业者一个大巴掌。所以，创业者要清楚自己的项目在产业链上的位置，要熟悉创业设想所采用的技术情况，尤其要抓住正确的创业时间窗口。

第二节　投资人如何挑选项目来投资

小案例

江西一位做智能垃圾分类项目的创业者小彭，一直在投入研发，他在抖音上看到有人说可以找到投资人，于是就付 1998 元买了一些投资人的资料，包括他们的邮箱、微信和手机号码，然后就按资料上的联系方式，发送了一些商业计划书，结果都石沉大海，打电话则被直接挂掉。他不明白，为什么这些投资人都拒绝他，到底投资人是怎样挑选投资项目的？

全拆解

创业者需要懂得投资人喜欢什么样的商业计划书，了解他们对投资趋势的看法，学会如何跟他们打交道，还有必要进一步深入掌握投资公司的内幕，以便让自己的企业在企业运作大博弈中，取胜的把握更大。

投资人是如何通过商业计划书筛选项目的

创业者需要分别从自身和投资者视角出发，才能撰写出对自身有益、对投资者有效的商业计划书。

在创业者视角下，需要把自身的优势都呈现出来，包括优势产品、优势战略及优势通路。这三点所体现出来的其实就是企业的生产能力、经营能力和推广能力。

投资人更加关注的则是投资收益与风险，所以商业计划书应该从这两个角度出发，阐述企业的优势壁垒、优势品牌和品牌存活率，以及如何在尽可能规避风险的情况下持续发展，达到预期的目标，同时为投资人带来可观的收益。

商业计划书主要是向投资人展示公司项目的状况、亮点及项目未来发展的潜力，撰写得好的商业计划书对项目加分不少。投资人看 BP（商业计划书），就像看一张 PS 过的美图一样，需要把 PS 过的痕迹除掉，去伪存真，看到项目原本的实际情况。那么，投资人是如何通过 BP 来筛选项目的呢？

（1）简单通过商业计划书来判断项目的好坏，这项决定是有风险的，但投资人时间非常有限，还是会通过 BP 先过滤掉一批项目。如果你的 BP 没有亮点，第一轮就会被淘汰掉。

（2）对于从优质渠道推荐来的创业项目，投资人可能对 BP 不是特别看重，投资人会约见全部被推荐的创业者。投资人看 BP 时既看其中的亮点，还会找暗点，发现项目有特别明显的暗点就会被直接淘汰。

（3）每位投资人的投资逻辑和投资风格各不相同，因此他们审阅 BP 时的关注重点也会有所差异。有些投资人对产品和市场特别敏感，他们能从 BP 相关资料中察觉到更多的信息；而有些投资人则非常注重运营，他们或许能从 BP 相关资料中洞察到一些有价值的信息。

（4）BP 并不能反映项目的全部信息，但是如果上面连团队介绍都没有，投资人就会直接忽略这个项目。团队的经历要与创业项目高度匹配。项目拥有一个很庞大的顾问团队，但里面全职的成员却一个也没有，这样的项目投资人一般也不会考虑。团队相当优秀和出色，即使项目描述一般，投资人也会约见。

（5）投资人一定会审查项目的运营数据，如果从中发觉你对竞争对手一无所知，那是很危险的。

（6）如果项目的估值远高于投资人的投资阶段和可接受范围，那么获得下一步洽谈的可能性就会显著降低。

了解了投资人如何通过商业计划书来筛选项目，我们就把商业计划书的痛点、亮点、利益点重点突出，尽量符合他们挑选的标准。

投资人如何判断项目是否值得投

不少读者提出过这样的问题："你觉得我的项目现在适合找风险投资吗？"投资人判断项目是否值得投，主要看商业模式、公司优势、高管团队构成、项目背景、市场空间等，这些是投资人判断公司未来成长性的关键要素。能够成功获得融资的创业者会将这些要素重点展现出来。具体来说，值得投的项目具有以下特征：

（1）商业模式是以用户为中心，能洞察用户需求，对市场极其敏感。

（2）项目所处的市场潜力很大，是一个潜在的千亿、万亿级市场。像手机电池的保险丝，全国市场规模才几个亿，这样的项目就不行。

（3）企业创始人志存高远并脚踏实地，也就是我们常说的"仰望星空，也要脚下看路"。

（4）公司已经规划好与商业模式相匹配的资本战略和产品战略，已经拥有与战略实现相匹配的关键性稀缺资源，比如人脉、股权激励措施、人才引进计划等。

（5）合伙人团队能力互补，已经经历过市场检验。股权顶层设计合理并具有前瞻性。

（6）创始团队非常专注，能将产品或服务做到极致。他们把绝大部分时间都花在了打磨产品或服务的极致度上。

（7）商业模式和业务已经在小规模市场中被验证，有机会在某个细分领域做到数一数二的位置。

（8）公司具有在低成本情况下快速扩张的能力，则非常有可能成长为行业的独角兽企业。

（9）融资的时间窗口很恰当。市场基本上已经成熟，公司已经有一定的市场占有率，引入风险投资后，公司将会实现快速增长。

有一些投资人对行业比较挑剔，例如较少接触环保行业企业，原因是环保行业企业往往业绩比较稳定，净利率都不算高，且很多环保行业企业做的都是政府业务，在客户资源上要求较高，同时很难在技术上分出高低。

再比如新材料行业，虽然新材料是科技提升的重要因素，但是新材料行业投资周期长，大范围推广新材料需要有价格优势和巨大的收益提升才能对现有材料进行替代，还要面临多重竞争对手的“围猎”。

假如你的企业很有发展前景，就会被很多投资人围绕着，投资人也往往会用尽招数试图得到投资份额，比如给你的企业介绍客户，给你的企业提供投贷联动资源。作为明显能给投资人带来良好回报的企业，也要非常明白自身的稀缺性，待价而沽，“谋定而后动”。

估值可以要得较高，前景可以描述得很好，可谓吊足了投资人的胃口。但提醒这样的创业者也要谦虚务实，腰杆子可硬可软，估值可以调节，额度可以放开，股东也可以适当增加。

虚实之间，“一张一弛，文武之道”，用心思抢来的、花钱买来的馍肯定会比白给的馍吃起来更香。

投资人如何通过财报来判断企业

数智时代，投资也应回归价值本身，有很多优秀的项目是通过良好的财务报表来获得投资人的青睐的。投资人通过财务报表来判断一家公司的好坏，是否值得投资，比如盈利状况是否合理、收入是否真实、成本费用是否稳健、资产质量是否可信、现金流是否良好、税务处理是否合理合法、是否有重大财务风险等。财务状况良好的标准主要有以下四点。

（1）利润主要来自主营业务，毛利率合理、盈利能力稳定，不存在对个别客户的过度依赖，无大额现金交易，不依赖关联企业或优惠政策。所以依赖某一两个大客户的订单或者完全靠优惠政策的补贴而产生很大业绩的项目，是不太可能获得资本欣赏的。

（2）存货比例合理，无低品质存货，周转率合理，应收款余额合理，账龄短，与收入增幅相当，固定资产无残损，封存固定资产很少。

（3）在经营活动中现金流与收入有合理的相关关系，负的经营活动现金流有合理解释，投融资活动现金流与公司战略吻合。

（4）无担保诉讼、大股东占款，内部控制机制健全，各种运行机制都很高效和健康。

投资说到底还是要回归商业本质，就是赚不赚钱，若存在以下事项，企业的会计质量评分就要降低。

（1）银行存款余额持续畸高，同时存在持续大额的银行借款。

（2）应收账款增幅远超过收入增幅，且集中于异常客户。

（3）向明显处于行业弱势地位的供应商大量预付款项。

（4）存货周转率过低，存货的价值难以判定。

（5）持续靠异常利润度日。

（6）非流动性资产大幅增加，尤其是无形资产、商誉资产增长迅猛。

（7）销售收入与经营性现金流量严重背离。

以上这些，是投资人通过财报的一些底层数据来判断企业经营状况、判断是否值得投资的关键方法，创业者可以学习、研究并掌握。

做小结

无论你通过什么样的方式去找投资人，一定要懂得一些投资圈的规则。比如，你到处发邮件是没有任何用的，要学会找熟人为你引荐专业对口的投资人；在向投资人发出的 BP 上面的估值一定要合适，狮子大开口很可能就没有洽谈的机会了；另外，投资人审阅一个项目，本身也要他自己具备产业认知能力、上市平台资源和投行操盘能力。只有不断了解一些投资圈的规则，你的融资之路才会更加顺畅。

第十三章

用间篇：股权上市

昔殷之兴也，伊挚在夏；周之兴也，吕牙在殷。故惟明君贤将，能以上智为间者，必成大功。此兵之要，三军之所恃而动也。

——《孙子兵法·用间篇》

第一节　如何做好上市准备

小案例

有一家做 DaaS（设备即服务）供应的公司，为企业提供 IT 设备租赁，以租代购，按需选租，每月费用几十元到几百元不等，目前在全国有 10 万多个客户，覆盖了 670 多个城市，为用户提供一对一的专业顾问。这家公司具有良好的商业模式，创始人一直从事 IT 行业，也是从著名的深圳华强北走出来的企业家，公司获得了达晨、京东、腾讯、高新投等知名投资机构的投资，于 2022 年 11 月在香港上市。

全拆解

随着我国全面实行股票发行注册制，很多企业开始规划 IPO 上市之路，香港主板推出无收入、无盈利的科技公司上市，这极大地激发了广大企业家的上市热情，但上市不是一蹴而就的事情，需要我们系统谋划。

企业适合在哪儿上市或挂牌

我们经常看到网上报道，说某创业项目在什么板上市了，创始人戴上红围巾跟团队一起敲钟，成了人生赢家。那我们的企业适合在哪儿上市或挂牌呢?中国正在不断完善多层次的资本市场体系（见表 13-1），包括以下四个方面。

（1）上交所、深交所主板突出大盘蓝筹定位，主要服务成熟期大型企业，在上市条件方面与其他板块拉开差距。通俗来说，就是适合稳定保持现金流的企业，要求持续盈利，相当于从 10 到 100 的阶段（见表 13-2）。

（2）科创板突出“硬科技”特色，提高对“硬科技”企业的包容性，相关企业主要是解决“卡脖子”技术的问题（国外限制相关技术出口到中国），相当于从 0 到 1 的阶段。

（3）创业板主要服务于成长型创新企业，允许未盈利企业到创业板上市。相关企业主要是解决国产替代产品的问题（国外没有限制相关技术出口到中国），相当于从 1 到 10 的阶段。

（4）北交所和新三板探索更加契合创新型中小企业、创新创业型企业发展规律和成长特点的制度供给，更加精准地服务创新型中小企业、创新创业型企业，相当于 Pre-IPO 的融资阶段。

表 13-1　中国资本市场分层一览

分层	名　称	交易场所	针对企业
一板	主板、中小板	上交所、深交所	大型蓝筹企业
二板	创业板	深交所	成长型创新企业
	科创板	上交所	“硬科技”企业
三板	北交所	北交所	创新型中小企业
	新三板	全国中小企业股份转让系统	创新创业型企业
四板	—	区域性股权市场	其他中小微企业
五板	—	产权交易市场	初创企业

表 13-2　沪深主板新旧规则对比一览

板块	新规	旧规
上市要求	• 符合《中华人民共和国证券法》、证监会规定发行条件； • 股本总额不低于 5000 万元； • 发行的股份达到公司股份总数的 25%以上；股本总额超过 4 亿元的，公开发行股份的比例为 10%以上	• 股票已公开发行； • 具备健全且运行良好的组织机构； • 具有持续经营能力等； • 股本总额不低于 5000 万元； • 发行的股份达到公司股份总数的 25%以上；股本总额超过 4 亿元的，公开发行股份的比例为 10%以上

续表

板块	新规	旧规
市值及财务指标标准	• 境内企业申请上市，应当至少符合其中一项标准：（一）最近三年净利润均为正，且最近三年净利润累计不低于 2 亿元，最近一年净利润不低于 1 亿元，最近三年经营活动产生的现金流量净额累计不低于 2 亿元或者营业收入累计不低于 15 亿元；（二）预计市值不低于 50 亿元，且最近一年净利润为正，最近一年营业收入不低于 6 亿元，最近三年经营活动产生的现金流量净额累计不低于 2.5 亿元；（三）预计市值不低于 100 亿元，且最近一年净利润为正，最近一年营业收入不低于 10 亿元。 • 红筹企业申请，应当符合下列条件：（一）符合《中华人民共和国证券法》、证监会规定的发行条件；（二）发行后股份（或存托凭证）总数不低于 5000 万股（份）；（三）发行股票（或存托凭证）的，公开发行的股份（或存托凭证）达到公司股份总数的 25%以上；公司股份总数超过 4 亿股（份）的，公开发行股份的比例为 10%以上；（四）市值及财务指标符合本规则规定的标准；（五）其他条件。 • 已在境外上市的红筹企业，申请发行股票或者存托凭证，应当符合其中一项标准：（一）市值不低于 2000 亿元；（二）市值 200 亿元以上，且拥有自主研发、国际领先技术，科技创新能力较强，在同行业竞争中处于相对优势地位。	• 持续经营时间应当在三年以上； • 最近三个会计年度净利润均为正数且累计超过人民币 3000 万元； • 最近三个会计年度经营活动产生的现金流量净额累计超过人民币 5000 万元；或者最近三个会计年度营业收入累计超过人民币 3 亿元； • 最近一期末无形资产占净资产的比例不高于 20%； • 最近一期末不存在未弥补亏损

续表

板块	新规	旧规
市值及财务指标标准	• 未在境外上市的红筹企业，申请发行股票或者存托凭证，应当符合其中一项标准：（一）预计市值不低于 200 亿元，且最近一年营业收入不低于 30 亿元；（二）营业收入快速增长，拥有自主研发、国际领先技术，在同行业竞争中处于相对优势地位，且预计市值不低于 100 亿元。 • 具有表决权差异安排的，市值及财务指标应当符合其中一项标准：（一）预计市值不低于 200 亿元，且最近一年净利润为正；（二）预计市值不低于 100 亿元，且最近一年净利润为正，最近一年营业收入不低于 10 亿元	

资本市场显然是一个相对开放的市场，但对于拟上市挂牌的公司而言，并不是每一个市场都适合，应根据公司的实际情况以及自身的发展目标和诉求慎重选择市场，可以从以下几个方面考量。

1. **估值水平**

估值水平决定了公司上市时的融资额。对于大公司、高成长性的公司以及新兴行业的公司，境外市场一般都能给予较大的估值。另外不同行业在不同市场的估值水平差异也较大，如 A 股市场的整体估值水平较国际主要市场偏高。

2. **上市时间和费用支出**

企业均希望低成本高收益，上市时间的长短直接影响企业成本支出及重大业务发展机会。如果从上市时间的可控性来看，境外市场的优势明显；如果从国内证券市场注册制实施情况来看，境内证券交易所注册的节奏已与境外相差不大；如果从上市费用支出来看，境内市场的优势更加显著。企业选择时要进行评估，慎重选择上市地点。

3. **行业角度**

行业不同，市场的准入门槛则不同，扶持力度也不同。企业应当根据政策导向和自身需求，参考自身上市目标和实际条件选择合适的市场上市挂牌。有些市场对企业所在行业有偏好，可能会给出更高的估值，企业在上市时应综合考虑这些因素。

4. **企业定位**

境内科创板和创业板都规定了上市企业的定位。如果企业符合科创板或创业板的定位，则可以考虑在科创板或创业板上市，但如果企业不符合这两个板块的定位，则要对照主板的规定，看企业是否符合注册上市的条件。企业规模较小时，可以对照北京证券交易所的注册上市条件。没有收入、盈利的科技公司，也可以考虑到香港主板上市。

5. **主营业务对上市板块选择的影响**

创业板市场的服务目标就是成长型、处于创业期、科技含量比较高的中小企业。如果企业的主营方向为新能源、新材料、生物医药、电子信息、节能环保、现代服务等领域，那么创业板市场较为合适。技术模式创新性较强的企业，也适合在创业板上市。

6. **募资安排对上市板块选择的影响**

主板的募集资金应当用于主营业务，不过在具体使用上较为灵活；而创业板对于资金的使用规范非常严格，不得用于其他领域，必须用于主营业务。

如果我们想要对募集资金更加灵活地使用，那么应侧重于主板；而对于迫切渴望将资金用于主营业务的企业，创业板则是较好的选择。

全面注册制的推行，会有更多有利于企业走向资本市场的条件，希望各位创业者认真学习，把自己的企业打造得更好，并充分利用股权这手好牌，在资本牌桌上赢得满堂彩！

上市时哪些红线不能踩

一、注册制的四个基本理念

全面注册制已于2023年2月开始实施，注册制的提出主要源于四个基本理念。

1. 股票发行的权利是法律赋予的而非政府授予的

法律保障履行法定披露义务的发行公司参与市场，且有接受市场选择和检验的机会。

2. 证券监管部门对发行公司的申报材料只做形式审查

证券监管部门的职责是从形式和程序上保证发行公司信息尽可能充分公开，创造良好的市场机制和法治环境，但对发行公司及股票的价值等实质性问题不做审查和判断。投资者根据证券监管部门所保障充分披露的发行公司信息自行做出投资决策。

3. 坚持信息公开

通过强制性信息披露要求发行公司将所有与发行公司和发行股票相关的信息完全公开，不得有虚假、误导和重大遗漏。

4. 强调事后监管

强化违法的惩罚规则，落实严格的退市机制，为投资者保护提供系统机制保障，维护公平有序的市场环境。

二、六条红线

企业想上市，虽然是注册制，但以下六条红线也不能踩，否则即使上市了也会被退市。

1. 关联交易占用上市公司资金

现有的监管法律法规对关联方经营性占用上市公司资金的行为采取限制

态度，即关联方只可以在正常业务经营的范围内合理使用上市公司资金；而对关联方非经营性占用上市公司资金，以及对变相利用经营性资金占用来达到实质上的非经营性占用上市公司资金目的的行为，则予以禁止。

发行人要全面核查资金占用的形成原因及其影响。监管机构对于存贷双高、突增大额预付账款、公允性存疑的关联交易等情形会持续高度关注，对违法违规线索深挖到底。

上市公司和大股东必须提高合规意识，维护上市公司财务、人员、机构、业务独立，完善公司内部审批管理流程，加强内部监督及问责机制。

2. 上市公司对外担保违规

发行人提供的担保应保证合法合规，不存在利益输送。要健全公司治理结构，明确对外担保的条件、对象、额度、内部决策程序、比例、信息披露等事宜，依次对公司的担保行为实施严格的管理和控制，确保公司规范经营，保障公司股东利益。

公司如存在期限较长、至申报期截止日仍将存在的担保，谨慎起见，应对该类担保进行清理。尤其是发行人为关联方或其他公司提供的担保，公司在申报期内应注意担保的合法合规性，且避免出现过大金额的担保，以免给监管机构带来关联方担保依赖的印象，进而质疑公司存在利益输送问题。

3. 公司存在税务问题

金税四期即将全面上线，征税信息会透明化，拟上市企业应更加重视税务合规问题。在发行上市前，临时大量补缴以前年度税款，且缺乏合理性说明的，即使税务机关出具了合法纳税的意见，仍具有较大的风险。

拟上市企业应积极与主管税务机关开展有效沟通，尽早解决历史遗留的税务问题。如果企业存在重大税收违法违规情形，上市之路必将受阻。

企业应就其报告期内是否存在重大税收违法违规情况，发出明确的书面声明，表明公司近几年能够依法纳税，不存在被海关、税务机关处罚的情形，报告期内没有税收违法违规行为。可向税务机关等行政主管部门申请出具企业无税收违法违规行为的证明文件或调查反馈文件。

企业会计差错更正，如果涉及收入和利润的调整，往往会有流转税和企业所得税的涉税问题。当期补缴前期税款，属于“自查补税”行为，除收取滞纳金外，主管税务机关一般不会对企业进行处罚。

4. 公司有违反环保问题

企业应健全有关防范环保风险的内控制度并确保该制度能够得到有效执行，要防止发生重大环保违法违规行为；与当地环保部门保持良好沟通，获取并整理、保存各类环保相关行政许可、行政审批、批复和验收材料；请权威环评机构或检测机构出具相关检测报告，保证污染物的排放方式、数量符合环保规定，可以自行进行无害的定期处理，无法处理的委托有能力的单位进行处理，尽到法律规定的废弃物处置义务。

要参考同类行业上市公司，投入相当的环保资金和相关费用，安装并实际运行各种环保设施，使企业的生产规模、排污量和环保投入三项数据相匹配。

5. 客户集中度问题

客户集中度问题是上市审核的重大问题，比如单一大客户主营业务收入或毛利贡献占比超50%，会被认定为有重大依赖。在发行条件判断上，发行人应重点关注客户的稳定性和业务持续性，是否存在重大不确定性风险。

如果客户过于分散，公司则面临获取新客户的能力被质疑的问题，应关注公司未来发展前景等。发行人存在客户集中度较高情形的，保荐机构应重点关注该情形的合理性、客户的稳定性和业务的持续性，督促发行人做好信息披露和风险揭示。

对于非因行业特殊性、行业普遍性导致公司客户集中度偏高的，保荐机构在执业过程中，应充分考虑该公司单一大客户是否为其关联方或者是否存在重大不确定性；该集中是否可能导致该公司未来持续经营能力存在重大不确定性。

解释公司大客户集中问题，说明发行人与该客户合作稳定，并不会对公司未来持续盈利能力产生影响，可以从公司与客户的合作历史、目前合作情况、未来可持续性、公司技术能力，以及客户是否对公司存在依赖、公司提供的商品或服务的可替代性、客户是否能在短期内找到替代的供应商等方面进行论述。

证明发行人虽然对单一客户依赖程度超过 50%，但是公司在不断开拓新客户，且新客户的数量及销售额都在稳步增加，并且即使排除该单一客户，公司仍然有独立应对市场的能力，未来的销售及利润能够不断持续增长，对公司持续经营能力不会造成重大影响。

6. 经销商虚增收入问题

企业上市时，经销商模式往往会被监管机构重点关注，因为可能存在收入确认政策差异性、利用关联经销商虚增收入的问题。论证经销商模式合理性的角度具体包括：企业客户众多，直销难以全面覆盖，经销可提高市场占有率、提升资金周转率。

报告期内各主要经销商年度进货规模与其体量及历史业绩规模匹配，其实际控制人或负责人能够承诺确认其对发行人商品采购为其独立、自主、真实的市场交易行为，不存在应任何一方要求而蓄意囤积存货、协助发行人虚增收入或利润的情形。

获取的同行业上市公司公开披露的信息能够佐证报告期内发行人主要经销商收入变动合理；经销商与发行人交易真实，价格公允，收入方式确认合理。

发行人对主要经销商内控制度设计合理、执行有效，经销商保留适量符合行业特征的安全库存。罗列前五大经销商销售金额及销售收入占比情况，证明发行人对经销商不存在依赖性等。

做小结

每个创业者都有一个携企业上市的梦想，站在证券交易所，戴着红围巾，敲响走向资本市场的钟声，这标志着资本运作大对决的胜利，也是对自己辛苦创业的一种认可。随着全面注册制的实施，相信会有更多的优秀企业走向资本市场，相关创业者也会成为大家学习的榜样。

第二节　如何做好上市实操工作

小案例

2023年4月10日，沪深交易所主板注册制首批企业上市仪式在北京、上海、深圳三地连线开展。首批10家企业中，有5家企业登陆沪市主板，分别是中重科技、中信金属、常青科技、江盐集团、柏诚股份；另外5家则登陆深市主板，分别是登康口腔、中电港、海森药业、陕西能源、南矿集团。

全拆解

全面注册制坚持以信息披露为核心，监管部门不对企业的投资价值做判断，主要通过把好信息披露质量关，压实发行人信息披露第一责任和中介机构“看门人”责任。审核注册的标准、程序、问询内容、过程、结果全部公开，监督制衡更加严格，让公权力在阳光下运行。对存在欺诈发行、财务造假等各类违法违规行为零容忍，露头就打，实行行政、民事、刑事立体处罚，形成强有力的震慑。

如何在主板上市

全面注册制实行后，主板交易规则进行了修改优化，整体上借鉴科创板、创业板的成功经验，同时优化交易机制（见表13-3）。

1. **部分科创板、创业板交易机制推广至主板**

复制新股上市初期交易机制：新股上市首5个交易日不设价格涨跌幅限

制；盘中临时停牌机制调整为盘中成交价格较当日开盘价格首次上涨或下跌达到或超过30%、60%的各停牌10分钟；新股首日交易公开信息披露等。

复制严重异常波动情形交易信息公开机制，根据主板特点设定差异化阈值，强化风险提示。

2. 同步优化主板、科创板、创业板交易制度

优化价格笼子机制：在现行2%有效申报价格范围基础上增设“十个申报价格最小变动单位”机制安排，当2%的有效申报价格范围不足十个申报价格最小变动单位（0.1元）时，取至0.1元，给予低价股必要的申报空间。

表13-3 全面注册制主板IPO审核流程

序号	名　称	时　间
1	提交申请	工作日，自主选择提交时点
2	受理申请	收到文件后，在5个工作日内做出是否受理决定，不符合要求的，应当在30个工作日内补正
3	审核问询	受理在20个工作日内，提出首轮审核问询，需再次问询的，收到回复后在10个工作日内发出
4	上市委审议	非固定时长，受很多因素影响
5	证监会注册	审核通过的，向证监会报送申请文件，证监会在20个工作日内做出决定
6	发行上市	1年内有效，自主选择发行时点
7	交易所审核和证监会注册的时间	总计不超过3个月

创业板上市规则有哪些变化

全面注册制实行后，创业板对于上市要求、市值及财务指标标准、退市等做了一些修订，具体看下面表格（见表13-4）。

表 13-4　创业板规则修订前后对比

模　块		新　规	旧　规
上市要求		• 符合规定的创业板发行条件； • 发行后股本总额不低于 3000 万元； • 公开发行的股份达到公司股份总数的 25% 以上；公司股本总额超过 4 亿元的，公开发行股份的比例为 10% 以上	• 符合规定的创业板发行条件； • 发行后股本总额不低于 3000 万元； • 公开发行的股份达到公司股份总数的 25% 以上；公司股本总额超过 4 亿元的，公开发行股份的比例为 10% 以上
市值及财务指标标准	发行人为境内企业且不存在表决权差异安排的	• 至少符合其中一项标准：（一）最近两年净利润均为正，且累计净利润不低于 1 亿元，最近一年净利润不低于 6000 万元；（二）预计市值不低于 15 亿元，最近一年净利润为正且营业收入不低于 4 亿元；（三）预计市值不低于 50 亿元，且最近一年营业收入不低于 3 亿元	• 至少符合其中一项标准：（一）最近两年净利润均为正，且累计净利润不低于 5000 万元；（二）预计市值不低于 10 亿元，最近一年净利润为正且营业收入不低于 1 亿元；（三）预计市值不低于 50 亿元，且最近一年营业收入不低于 3 亿元
	符合国务院等相关规定的红筹企业	• 删去条件“且最近一年净利润为正”	• 符合相关规定且最近一年净利润为正的红筹企业，可以申请其股票或存托凭证在创业板上市
	符合国际领先技术等规定的尚未在境外上市的红筹企业	• 至少符合其中一项标准：（一）预计市值不低于 100 亿元；（二）预计市值不低于 50 亿元，且最近一年营业收入不低于 5 亿元	• 至少符合其中一项标准：（一）预计市值不低于 100 亿元，且最近一年净利润为正；（二）预计市值不低于 50 亿元，最近一年净利润为正且营业收入不低于 5 亿元

续表

模块		新规	旧规
市值及财务指标标准	具有表决权差异安排的企业	•至少符合其中一项标准：（一）预计市值不低于100亿元；（二）预计市值不低于50亿元，且最近一年营业收入不低于5亿元	•至少符合其中一项标准：（一）预计市值不低于100亿元，且最近一年净利润为正；（二）预计市值不低于50亿元，最近一年净利润为正且营业收入不低于5亿元
退市	新增“重新上市”	•上市公司因触及欺诈发行情形，其股票被终止上市的，不再受理其重新上市申请； •因重大违法退市的，首次提出重新上市申请与其股票终止上市后进入全国中小企业股份转让系统等证券交易场所的时间间隔应当不少于5个完整的会计年度，同时须满足重大违法行为已全面纠正、已撤换有关责任人员等条件； •公司股票被强制终止上市后，公司不配合退市相关工作，或者未按规定履行相关义务的，自其股票进入全国中小企业股份转让系统等证券交易场所转让之日起36个月内不受理其重新上市申请	—

在境内还是境外上市

选择哪个资本市场去上市，与创业者学历背景、经历和朋友影响有很大关系。在跟风去做中国概念股的时期，很多创业公司都搭建了 VIE 架构，拿的是美元基金的钱，选择的估值方式也是按照美元基金的逻辑，可以承受更多的战略性亏损，却很难适用于国内基金的估值算法。

部分蓝筹企业在境外上市会有更高估值，规模相对较小的企业，在 A 股上市估值要高于境外。

（1）互联网、高科技、新能源、生物医药在香港上市有较高估值。

（2）可以选择在境外上市的行业：品牌消费、新能源、装备制造、矿物资源、互联网、连锁教育、房地产、纺织、玻璃、造船等。

（3）企业未来战略是国际化或针对国际市场的，可选择在境外上市。

（4）成长型、高科技的中小企业适合创业板，“硬科技”类企业适合科创板。新三板标准的优秀企业可考虑在北交所上市。

科创板的出现和市场表现帮助以上这类企业打消了回国上市的疑虑。中美贸易摩擦开始后，中概股受到多次重挫，加之这类企业本身在国外的估值也不如在国内高，随着国内资本市场的开放度越来越高，科技类公司的准入门槛降低，越来越多 VIE 结构的公司开始选择回归国内资本市场。

随着国内对半导体行业、医疗行业的支持力度大幅提升，港股和科创板的“特殊优待”也让大批此类企业应运而生，很多跨行业的概念派诞生，仿佛再现了当年光伏产业、造车新势力的历史。再加上这类行业在中美贸易摩擦后对外资进入比较敏感，所以在国家级大基金的率领感召下，很多不知该何去何从的投资机构就转向这两个“高深”且专业的领域，造成这类行业已经出现一、二级市场倒挂的泡沫现象，趋势依然如火如荼。

假如企业在深交所上市，按照逻辑，像深创投这样的本地投资机构的严谨性和专业性能够给企业足够强大的背书。企业在上海证券交易所或科创板上市，由于有当地商务部门、区行政机构的支持和推荐，上海国有投资机构的进场可能会变成加分项。

在当地投资机构影响力注入的情况下，再有一个央企或国家队基金进入股东名册也会有显著的积极作用。

尽管其投资决策流程可能慢一点，但是引入这类“根正苗红”的投资机构成为自身股东能带来社会影响力，所以很多企业宁可放弃一些知名民营机构的投资，也要在上市前引入央企、国企投资人。

做小结

随着国际形势的变化和中国全面注册制的推行，在内地和香港上市的中国企业将越来越多，不过要提醒各位读者的是，全面注册制不代表上市更加容易，而是强者更强，也就是企业本身很优秀的将在资本市场上有更好的表现，而本身有太多虚假概念、没有核心竞争力的企业，即使勉强上市了，也会被资本市场和广大股民所抛弃。

第三节　如何做好上市公司的投关管理和市值管理

小案例

深圳有一家上市公司是以生产新材料为主要业务的，该公司发布公告称将要收购一家数字化管理公司，但是股吧上有网民发出了其炒作概念的话题，对该上市公司的收购目的严重质疑，说其是为了提升市值而为，那家数字化管理公司根本没有什么技术含量，与其生产新材料的主营业务一点关系也没有。该上市公司针对这个问题，高度重视，成立了专门小组，召开说明会，针对收购目的、收购标的公司的技术说明、收购后的计划等进行了详细说明，结果股民们表示理解和支持，公司股票上涨。这是一次成功的投资者关系管理（简称“投关管理”）。

全拆解

全面注册制的实施，让独角兽企业或专精特新企业有了更多上市的机会，但上市只是长征的第一步，上市之后投资者关系管理也是很重要的工作，如何把投资者关系管理指标量化，是上市公司老板要特别重视的工作。

上市公司如何做好投关管理

全面注册制，给了企业更多的上市机会，但企业上市了，就要做好投资者关系管理，包括跟一些顾问团、媒体等建立良好的合作关系，其中有不少技巧。

（1）顾问团：风险投资家、银行家、猎头、大企业 CEO、报纸或杂志的主编、政府成员、一些与国有企业有紧密联系的人员等，他们都是顾问团成员的最佳人选。他们是否能为公司提供专业的价值服务，是公司能否有效提升市值的重要因素。

（2）定期报告：每月或每季度一份。潜在投资者很重视这个报告。

（3）财务报表：应该争取每个季度至少做一次。

（4）在行业论坛中发表演讲：有机会见一些媒体记者们，他们可以帮你将信息传递给那些潜在投资者。

（5）社交媒体：投资者会通过微信、微博、抖音等社交媒体关注和讨论公司动态、公司竞争对手状况、行业技术动态等相关的内容，创业者必须重视相关舆情工作。

（6）行业分析师：创业者应该努力去结识他们。

投关管理需要实时收集、掌握、分析资本市场对上市公司的业绩预期，包括卖方最新一期的分析报告中的业绩预测和买方分析师的业绩预测，并结合上市公司当期业绩的实际情况，才能在业绩公告及投关传播资料中，做到有的放矢，给予市场有效的沟通传播。

如果发现市场的预期与上市公司的实际业绩偏差较大，应该通过长期跟踪研究上市公司的卖方分析师及时加以疏导。所谓的公开化就是最好在披露当期业绩的同时披露对下一期业绩的预测指导，避免私下与买卖方机构勾兑。下一期业绩的预测指标应该根据上市公司所处的行业及发展周期等特点，结合资本市场专业买卖方机构的实际业绩预测需求，不一定必须给出收入和利润的预测范围，也可以只给出在手订单、网点开拓、产能、新增注册用户等核心业务指标的预测。

投关管理的基础工作就是维护上市公司的资本市场形象，建立其品牌美誉度。可以在官网（包括微信、微博）、公众号、互动易、股吧、股票咨询交易平台、百度搜索等媒体渠道上展示讨论上市公司的信息，行业分类等需要及时更新，保证其准确性。

有关上市公司的舆论应该客观，避免误导资本市场各类参与者。投关管理基础工作的核心是搭建资本市场人脉，建立并维护资本市场买卖方、财经媒体、关键意见领袖（KOL）中的核心支持者群。

上市公司价值传播的核心是资本市场投资故事与定位。数智时代的媒体宣传，要善用争议与质疑，以达到较好的传播效果（见图 13-1）。

图 13-1　上市公司媒体宣传的注意事项

（1）分辨媒体“恶意负面”和“噱头负面”，前者需要及时处理，出具澄清公告，引导传播，后者应该采用“无为即有为”策略。

（2）提前做好媒体关系管理，广交朋友打造“核心支持者群”，借“友”发声。

（3）除了做好日常媒体监测工作，上市公司还需提早构建危机公关系统，定期“演习”，这样才能在危机真正爆发时，将对上市公司的负面影响降到最低。

如何将投关管理的指标量化

投关管理的核心是信息沟通，信息沟通方式既有“走出去”类型的（如路演、投资者说明会），也有“请进来”类型的（接待来访、现场调研、举办各种座谈会和业绩说明会等）。信息沟通强调内容真实、准确、完整，并能体现公司董事会、管理层等面对股东时是否表现出尊重、真诚及善意。投资者高度关注的沟通事项之一是投融资政策。我们可以从投资者关系实践的角度出发，衡量上市公司对投资者关系活动的重视程度以及这些活动的实际效果，并据此构建一个新的评价体系。

我们可以从公司投关管理活动次数、接待者类型、活动方式及关注投融资问题的比例这四个方面，构建简洁、合理的投关管理量化标准（见图 13-2）。

图 13-2　投关管理的四个量化标准

（1）活动次数。公司进行投资者关系管理活动的次数越多，说明公司开展这种沟通交流活动越积极，披露的信息会越多，接受的反馈建议也会越多，从而使投资者的关注和监督机会越多，获得有价值信息的概率越大。所以我们认为，活动次数越多，投资者关系管理水平越高。

（2）接待者类型。尽管公司董事会秘书是负责投资者关系工作的核心人员，尽管公司可视情况设立该职位或设立投资者关系管理这一专职部门，但任何沟通，尤其是面对面、一对多、双向式的沟通，都离不开公司高层的参与，以体现沟通内容的专业性、权威性。可以说上市公司接待者级别越高（如董事长、总经理）或越专业（如财务总监、研发总监等），说明公司对投资者关系管理活动越重视，所得到的预期管理效果也越好。

（3）活动方式。活动方式越正式，信息的准确性越高。相对于电话沟通，接受实地调研的沟通效率更高而且效果更好。

（4）关注投融资问题的比例。在上市公司与投资者沟通的过程中，问题复杂多样，其基本类型可分为战略及投融资类、运营类和其他类别。其中，战略及投融资类问题是投资者最关注的问题，也是董事会涉及议案最多、决策风险最大、决策后果最显著（直接影响公司成长及价值增值潜质等）的问题。

我们可以构建测度投资者关系管理水平的简单模型，并对上面的各维度进行定义和人为赋值。表 13-5 这种测度方法能过滤掉公司具有共性且差异不大的沟通内容和方式（如网站平台等的法定信息披露），还能突出面对面沟通的潜在效果，数据可得且简单明了。

表 13-5　投资者关系管理指标衡量

测度的维度	内容说明	赋　值
活动次数	某一上市公司一年内开展的投资者关系活动的总次数	实际次数
接待者类型	董事长（包括副董事长）	5
	总经理	4
	副总经理、财务总监等	3
	董事会秘书、主要部门负责人（如财务部经理等）	2
	其他（证券事务代表、综合事务部门经理等）	1
活动方式	路演、公开会议（如策略分析会、分析师会议、新闻发布会、业绩说明会）	3
	接受现场调研（如现场参观、机构调研、机构投资者实地调研、特定对象调研）和媒体采访	2
	电话沟通（如电话会议调研、分析师电话会议、来电咨询）	1
	其他（如个人投资者咨询沟通、一对多沟通）	
关注投融资问题的比例	回答战略及投融资类问题较多，相对具体	3
	回答运营类问题较多，过于细节	2
	回答的基本是其他类别问题，不是太重要	1

对于投关管理，我们可以采取打分制的形式，分别赋值，通过公式计算出最终的分值，以此来衡量投关管理的水平如何。具体公式如下：

投资者关系管理分值 = ∑活动次数×接待者类型×活动方式×关注投融资问题的比例

上市公司如何向投资者披露信息

上市公司的年报中通常包含“经营情况讨论与分析”部分，有时这部分内容被放在董事会报告里。然而，很少有公司的管理层能够提供既有价值又准确的未来预测。

公司管理层在讨论前瞻性信息时的语调往往受到多种因素的影响。具体而言，如果公司的当期业绩表现良好，市值稳定，市账率较低，且股票回报波动率保持在较低水平，那么公司管理层在讨论前瞻性信息时，其语调通常会更为积极和正面。

前瞻性信息语调和公司未来的盈利以及流动性是呈正相关的。如果当年的经营情况讨论和分析与去年同期相差很大，说明公司的运营或风险因素有了较大变化。

上市公司召开业绩说明会时，投资者提问意在获取自己感兴趣的信息，公司管理层通过回答，向投资者传递有用的信息。

但投资者的问题和信息需求不是事先设定的，而是随着业绩说明会的举行随机提出的。当投资者的问题涉及管理层掌握的负面私有信息，如产品故障或订单被取消、即将发生不利诉讼、会计盈利不可持续等，由于管理层存在避免披露负面信息的动机，所以他们会本能地选择回避问题。

管理层直接拒绝回答投资者的提问，将影响业绩说明会召开的效果，而且这一举动也会被投资者理解为“没有消息即是坏消息”。

投资者会“听话听音”，并且会对在业绩说明会上管理层表现出的负面语调做出负向反应。当投资者提问的语调和管理层回答的语调越正面时，公司未来的业绩表现会越好。

投资者能够甄别并捕捉业绩说明会的信息特征。特别是当管理层在回答投资者提问时频繁地出现答非所问的情况，这预示着公司未来的业绩可能较差，对投资者来说是一个负面信号，投资者会调整自己的投资策略。

上市后如何做好市值管理

企业价值决定企业的股权价值。企业的整体价值由股权资本价值和债务价值组成。在企业的资本结构不变的前提下，整体价值越大，其股权资本的价值就越大。

股权价值决定上市公司的市场价值。根据市场的有效性假设，在市场强势有效时，投资者掌握完全信息，其对企业未来收益的预期与企业的实际情况完全相符，他们只会以与股票价值相等的价格买卖股票，此时，股票的价格与其价值相等。

对上市公司而言，企业价值决定股票价值，而股票价值决定股权价值，所以，企业价值决定了企业的股权价值，也就是决定了公司的市场价值。

学术化市值管理的核心在于“价值创造+价值实现”，通俗地说就是“拿出业绩+做好沟通”。实战化的市值管理核心理念有三点：

第一，树立产融互动和创造 EVA（企业经济增加值）的经营理念。现在很多上市公司的老板更多的是关注供研产销等方面，而如何把产融进行有效的互动，如何把 EVA 创造而不是利润创造作为公司的经营理念，是他们未引起足够重视的问题。

第二，帮助上市公司建立市值管理的经营体系。这是一套很完整的经营体系。

第三，在市值波动中进行价值实现，增加股东财富和公司竞争力，促进价值可持续增长。

市值管理离不开资本市场关系营销，通过透明的信息发布及公关，加强公司与投资者、媒体、研究者和监管者之间的关系管理，实现公司与市场各界的有效沟通，达到公司文化和价值被广泛认同的目的。

1. 制定战略：赢得投资者的心智份额

先制定资本市场营销战略，依据企业的战略相关性来对投资者进行分类，针对最合适的投资者，有效地配置企业的资源，采取取信于企业的目标投资者的系统方案，准确地传递企业对投资者的价值所在。

2. 匹配战术：赢得投资者的市场份额

投资者都有自己的投资偏好、选择策略以及系统的价值评估工具，他们都不好骗，你所选择的战术，要有利于把公司的差异化价值（公司的过去与现实、公司的背景、公司的可信性、公司的基础资源等）向合适的对象展现出来，而不要致力于“精美包装”欺骗投资者。

3. 创造价值：赢得投资者的品牌联想

把企业对投资者、对消费者、对员工等创造价值的能力总结归纳起来，也就是把企业在消费者市场、人才市场、资本市场等所有市场的经营能力归纳起来，就是企业的“品牌价值”。

做好投资者关系是提升公司估值的关键，好的投资者关系是建立在长期关系的基础上的。相比与很多投资者见面并期许在第一次会面中就能获得投资的想法来说，这种方法更具战略价值。

要与支持者之间建立非正式的关系网络，包括一些彼此之间已经建立起友谊和信任的人群。可以建立一个非正式的顾问团，对企业的战略和管理提出建议。那些特别有经验的投资者，都喜欢别人向他们征求意见和建议。你应该保证你的非正式智囊团能真正参与公司的业务。这样对待他们，会为你的公司赢得更多的尊重和信任，也更有可能最终赢得他们的投资。这样才能使这些潜在投资者们相信你重视的是他们有价值的建议和经验，而不仅仅是金钱，只有这样才能建立良好持久的关系网。或许你的公司的潜在投资者恰好就在那些非常信赖他们的朋友之中。

做小结

投资者关系管理，是上市公司必须高度重视的一项工作，尤其需要董事长等管理层亲自把关。应将这项工作不断量化，将管理指标细化到每一个具体环节，如活动次数、接待者类型、活动方式、投融资比例。同时，须持续总结管理工作的成效，对需要改进的地方进行优化，这样才能有效提升公司的市值水平。

上市公司的市值管理，事关公司的整体战略规划。如何才能让公司的市值最大化？这就需要采取切实有效的策略和方法。而这一切的核心，在于充分展现公司自身的价值，让投资者、消费者及员工都能对公司产生积极的“品牌联想”。

后　记

在本书出版之前，本书主编之一杨军已经出版了三本股权类的图书，感谢广东经济出版社编辑蒋先润先生的大力支持和高效推进。

全球进入数字智能化时代，企业经营与管理更加需要资本思维，企业在面对资本的不断博弈时，其核心武器就是股权。作为创业者，从开办公司开始，就一直在跟股权做各种博弈，比如股东出资、股权融资、股权激励等，不断考验人性。只有掌握了股权兵法，才能树立起股权思维，在股权融资、股权设计、股权合伙、股权尽调、股权激励、股权控制、股权分配、股权估值等方面掌握与对手较量的武器，一举获得通往资本之道的通行证。

这本书与其他股权类图书的差异就在于其以《孙子兵法》的十三篇内容为线索，融入了股权各方博弈的智慧，有干货知识，更有实际案例的分享，并对每个案例进行了剖析，以期最终让读者有所获益。欢迎大家在读后加入我们的读者群，持续分享阅读心得，也欢迎大家针对自己的创业项目，给我们提出宝贵的写作意见，以便在下一本股权类图书中完美呈现相关内容。

感谢所有同类作品作者所付出的心血，感谢所有投资人前辈和企业家为本书撰写推荐词，感谢郑长春先生！感谢全国各地的读者朋友们对我们一如既往的支持与厚爱！

本书编委会　于深圳

2024 年夏

推荐阅读

明明白白合伙，清清楚楚分钱！

书名：合伙制：
重新定义企业的组织形式
作者：解银坤
书号：978-7-5454-5402-4
定价：45 元
出版日期：2017 年 6 月
出版社：广东经济出版社

揭秘中国完美创业团队的创业历程！

书名：这才叫合伙创业：
从携程、如家到华住的启示（升级版）
作者：高慕
书号：978-7-5454-8314-7
定价：72 元
出版日期：2022 年 5 月
出版社：广东经济出版社

以简驭繁，让绩效管理回归简单！

书名：极简绩效管理法
作者：李彬
书号：978-7-5454-6604-1
定价：45 元
出版日期：2019 年 5 月
出版社：广东经济出版社

360 度详解如何开展高质量的招聘面谈！

书名：极简招聘面谈法：
15 分钟面谈组建高效团队
作者：羡婕
书号：978-7-5454-7603-3
定价：45 元
出版日期：2021 年 2 月
出版社：广东经济出版社